国家级一流本科专业建设点配套教材·产品设计专业系列
首 批 国 家 级 一 流 本 科 课 程 配 套 教 材
高等院校艺术与设计类专业“互联网+”创新规划教材

丛书主编｜薛文凯
丛书副主编｜曹伟智

交通工具设计

丁　剑　杜海滨　编著

北京大学出版社
PEKING UNIVERSITY PRESS

内 容 简 介

本书以首批国家级一流本科课程交通工具设计为基础，结合编者多年从事的高等院校设计教学工作、指导学生参加国内外设计赛事的经验，以及组织、参与的“产、学、研”合作项目的成果编写而成。本书主要介绍了目前和人们生活关系较为密切的陆上交通工具（车辆）设计部分内容，还介绍了少量商用交通工具设计内容。全书内容分为交通工具设计发展简史、设计方法、设计表现、课程设计、项目课题及实习、参赛作品与毕业设计几大部分，旨在教授学生交通工具发展的历史沿革和设计方法流程，引导学生在夯实背景调研的基础上，从时代发展的角度出发，系统性地研究新技术、新现象等给汽车产业带来的影响，并综合思考车、路、云、网、途等因素会给汽车产业带来的新机遇、新挑战，从而为未来出行提出创见性的解决方案。

本书图文并茂、言简意赅，可作为高等院校交通工具设计专业、产品设计专业、工业设计专业及其他相关专业的教材，也可作为交通工具设计行业从业人员、汽车爱好者的自学用书。

图书在版编目 (CIP) 数据

交通工具设计 / 丁剑，杜海滨编著．—北京：北京大学出版社，2022．10

高等院校艺术与设计类专业“互联网 +”创新规划教材

ISBN 978-7-301-33524-6

Ⅰ．①交…　Ⅱ．①丁…②杜…　Ⅲ．①交通工具—设计—高等学校—教材　Ⅳ．①U462

中国版本图书馆 CIP 数据核字（2022）第 197572 号

书　　名　交通工具设计
JIAOTONG GONGJU SHEJI
著作责任者　丁　剑　杜海滨　编著
策划编辑　孙　明
责任编辑　蔡华兵
数字编辑　金常伟
标准书号　ISBN 978-7-301-33524-6
出版发行　北京大学出版社
地　　址　北京市海淀区成府路 205 号　100871
网　　址　http://www.pup.cn　新浪微博：@ 北京大学出版社
电子邮箱　编辑部 pup6@pup.cn　总编室 zpup@pup.cn
电　　话　邮购部 010-62752015　发行部 010-62750672　编辑部 010-62750667
印 刷 者　北京宏伟双华印刷有限公司
经 销 者　新华书店
889 毫米 ×1194 毫米　16 开本　10.75 印张　230 千字
2022 年 10 月第 1 版　2024 年 5 月第 2 次印刷
定　　价　69.00 元

序言

产品设计在近十年里遇到了前所未有的挑战，设计的重心已经从产品设计本身转向了产品所产生的服务设计、信息设计、商业模式设计、生活方式设计等“非物”的层面。这种转变让人与产品系统产生了更加紧密的联系。

工业设计人才培养秉承致力于人类文化的高端和前沿的探索，放眼于世界，并且具有全球胸怀和国际视野。鲁迅美术学院工业设计学院负责编写的系列教材是在教育部发布“六卓越一拔尖”2.0计划，推动新文科建设、“一流本科专业”和“一流本科课程”双万计划的背景下，继2010年学院编写的大型教材《工业设计教程》之后的一次新的重大举措。“国家级一流本科专业建设点配套教材·产品设计专业系列”忠实记载了学院近十年来的学术、思想和理论成果，以及国际校际交流、国际奖项、校企设计实践总结、有益的学术参考等。本系列教材倾工业设计学院全体专业师生之力，汇集学院近十年的教学积累之精华，体现了产品设计（工业设计）专业的当代设计教学理念，从宏观把控，从微观切入，既注重基础知识，又具有学术高度。

本系列教材基本包含国内外通用的高等院校产品设计专业的核心课程，知识体系完整、系统，涵盖产品设计与实践的方方面面，从设计表现基础—专业设计基础—专业设计课程—毕业设计实践，一以贯之，体现了产品设计专业设计教学的严谨性、专业化、系统化。本系列教材包含两条主线：一条主线是研发产品设计的基础教学方法，其中包括设计素描、产品设计快速表现、产品交互设计、产品设计创意思维、产品设计程序与方法、产品模型塑造、3D设计与实践等；另一条主线是产品设计实践与研发，如产品设计、家具设计、交通工具设计、公共产品设计等面向实际应用方向的教学实践。

本系列教材适用于我国高等美术院校、高等设计院校的产品设计专业、工业设计专业，以及其他相关专业。本系列教材强调采用系统化的方法和案例来面对实际和概念的课题，每本教材都包括结构化流程和实践性的案例，这些设计方法和成果更加易于理解、掌握、推广，而且实践性强。同时，本系列教材的章节均通过教学中的实际案例对相关原理进行分析和论述，最后均附有练习、思考题和相关知识拓展，以方便读者体会到知识的实用性和可操作性。

中国工业化、城市化、市场化、国际化的背后是国民素质的现代化，是现代文明的培育，也是先进文化的发展。本系列教材立足于传播新知识、介绍新思维、树立新观念、建设新学科，致力于汇集当代国内外产品设计领域的最新成果，也注重以新的形式、新的观念来呈现鲁迅美术学院的原创设计优秀作品，从而将引进吸收和自主创新结合起来。

本系列教材既可作为从事产品设计与产品工程设计人员及相关学科专业从业人员的实践指南，也可作为产品设计等相关专业本科生、研究生、工程硕士研究生和产品创新管理、研发项目管理课程的辅助教材。在阅读本系列教材时，读者将体验到真实的对产品设计与开发的系统逻辑和不同阶段的阐述，有助于在错综复杂的新产品、新概念的研发世界中更加游刃有余地应对。

相信无论是产品设计相关的人员还是工程技术研发人员，阅读本系列教材之后，都会受到启迪。如果本系列能成为一张“请柬”，邀请广大读者对产品设计系列知识体系中出现的问题做进一步有益的探索，那么本系列教材的编者们将会喜出望外；如果本系列教材中存在不当之处，也敬请广大读者指正。

2020 年 9 月

于鲁迅美术学院工业设计学院

前言

今天，交通工具设计这项工作的重要性被提到了前所未有的战略性高度，其在消费者的选购导向上可以起到主导甚至决定性的作用。随着我国设计教育的快速发展，国内培养出的交通工具设计人才综合能力正在不断地提升。在国内外各大主机厂或设计机构中，我们可以越来越多地看到中国设计师的身影，其中不乏身兼要职的大师级人物，他们对世界汽车产业的发展起到了巨大的推动作用。在短短的十几年里，相较于欧美，我国的交通工具设计教育经历了从难以望其项背到并驾齐驱的迭代历程。现在，我国的汽车设计人才及汽车产品得到了世界的认可，这令我们这些交通工具设计教育从业者倍感欣喜和鼓舞。

随着新兴技术的全面发展，跨界科技企业先后涌入汽车制造领域，以智能出行为要义的全场景、在地性设计层出不穷，受到了业界的密切关注及年轻消费群体的强烈追捧，因此汽车的属性近些年也在被频繁地重新定义。人们开始意识到，提升交通系统效率的意义已经大于提高车辆本身效率的意义，汽车设计正在从设计本身向构建更加完善的汽车社会方向发生转变，汽车设计师需要学会在人、社群和环境等维度的大语境下进行设计工作；传统的车辆形态美学已不再是汽车设计的第一主体，交通工具设计也需要从造型转变为创境，从赋形转变为赋能、赋链。在这样的大背景下，汽车产业将面临一系列的变革或重塑，汽车设计师需要承担更多的职责，交通工具设计教育也必将做出相应的转变，将变革转化为启示和动力。

交通工具设计是一门涉猎内容广泛的设计学科，我们该如何去学习，它的未来发展又会怎样，希望这本书能为广大学子和设计从业者提供一些参考。

感谢丛书主编薛文凯教授对本书编写给予的悉心指导，以及刘起源、夏雨荷、郭爱伦三位硕士研究生为本书的顺利出版所作的贡献。

丁剑

2022 年 1 月

目录

第 1 章 交通工具设计发展简史

本章要点

- 汽车的历史发展脉络。
- 汽车造型设计的发展历程。
- 不同发展时期的代表车型。
- 汽车发展史中的重要人物。
- 科技和文化对汽车的影响。

本章引言

交通工具设计是一门综合性极强的学科。交通工具在外观设计、机械设计、交互设计和人体工程学等因素的影响下不断地发展，它主要涉及乘用、商用、军用几大产品领域，其中又包含水、陆、空等不同使用属性的交通工具，品类可谓多元化。本章主要围绕与人们生活密切相关的汽车产品进行介绍，并以 1885 年卡尔・本茨创造世界首辆汽车为起点回顾汽车百年间的发展历程。

汽车造型，在广义上是指汽车车身的内外造型。消费者在看到或评价一款车的时候，除了会讨论它的性能、价格和品牌等因素外，造型设计也是他们非常关注的一项指标，该指标甚至可能在购买环节中起着决定性作用。近年来流行着一句话，叫“颜值即正义”，这句话虽略显调侃，但放在汽车设计领域尤为恰当，它真真切切地体现出消费者对于汽车外观的重视程度。

那我们如何评价一款车的选型呢？其实，仅从个人角度进行评价还是很难下结论的。由于汽车造型设计不同于绘画艺术，并非靠一时的冲动或灵感来完成，它是技术与艺术的混合产物，属于人为形态的范畴，所以需要我们从主观感性和客观理性两个方面对其做出合理评价。一般来说，我们主要从3个方面进行评价：其一，机械工程要素，如发动机、变速器、底盘悬架系统。各设备部件的安装、布置、维修、碰撞强度系数等，都属于机械工程领域。另外，还有人体工程学因素，包括汽车行驶的安全性、舒适性和操纵感，以及满足乘员的舱内空间尺度、起座舒适性、上下便捷性、为残障人士考虑的专属配置等。其二，要考虑色彩、材质对人的心理和生理影响，以及不同国家和地区对色彩、材质的爱好和禁忌。其三，流体力学因素。随着发动机动力的提升及路面状况的改善，车速对车身形态的要求也更加严格，因为汽车在高速行驶时的空气阻力的大小与车速成正比增大，理想的车体造型不仅能降低空气阻力提高功效，而且能充分节约能源。因此，要正确评价汽车造型应该弱化主观因素，强化和追求汽车外形所具有的客观理性之美，即功能理想形态，它是发挥汽车效能的合理造型。

当然，商品学要素、设计审美因素对汽车造型的影响也不容忽视，它们不仅能使汽车造型更具吸引力，而且能刺激消费者的购物欲望，为企业创造丰厚利润。但是，忽视或轻视汽车造型设计的基本要素，单纯取媚于众的汽车造型都是不可能持久的。而要把上述3个方面完美地集于一辆车上其实是相当困难的。举例来说，仅仅考虑汽车的行驶性能，就会选择将发动机置于乘员舱中间，会导致驾驶员和乘员感到不适；如果把汽车设计成像房间一样舒服，空气阻力和风噪便会随之增加；如果把汽车设计成蝙蝠鱼的外形，空气阻力虽然小了，但是发动机往哪里放？人又怎么驾驶？这些一直是制约汽车造型设计的难题，也正是因为有这些难题存在，才吸引了无数热爱这一事业的人不断地去追求和探索。从形态学的角度来看，汽车造型的演变过程大致可以分为几种类型，即马车型车、箱型汽车、甲壳虫型汽车、船型汽车、鱼型汽车、楔型汽车。20世纪80年代，开始出现多用途复合型汽车，并影响了汽车设计的未来。需要注意的是，这几种车身造型并非某一时期的唯美品或装饰物，更非设计师的凭空想象，而是随着机械工程学、人体工程学、流体力学和美学观念的进步，在人们不断地追求功能上的理想形态的探索中，形成的汽车造型设计的整个过程。

1.1 马车型车

马车型车出现于1886—1915年。

19世纪末，英国等欧洲国家的工艺美术运动和法国的新艺术运动影响了整个欧洲的文化思潮。汽车在当时的外观类似于马车，有敞开式的车顶或可移动的车篷、宽阔的轮辋和内燃机，但不是马车。车身设计粗糙简单，速度与马车差不多（20km/h以内）（图1.1）。1895年，充气轮胎的引入提高了汽车的舒适度，人们逐渐在车身上增加了挡风玻璃和挡泥板。而在这个时代，马车大多是家庭作坊手工制作的，是富人独有的奢侈品。

在中国古代，“轿车”是指由骡子拉着的轿子。当大量西方汽车进入中国时，封闭的方形汽车也开始在西方流行起来。在当时，汽车的外形与中国古代的“轿子”相似，并可以给人带来坐“轿子”一般的尊贵和荣耀，人们因此把当时的汽车称为轿车。最早的汽车车身外形基本上沿袭了马车的形式，因此被称为“无马的马车”。“Sedan”就是指欧洲贵族所乘用的豪华轿车，不仅装饰精美，而且采用封闭式设计，可以挡风、防雨、防尘，并提高了安全性。

工业设计相对于追求极致美学的设计而言，还需要考虑一定的产品实用性、易用性，但在汽车诞生不久的那个时代还处在蛮荒时期。当时，虽然机器的结构、性能正处于飞速发展的正常阶段，但满足更高层次的需要的美观设计还远远没有得到重视。

1.2　箱型汽车

箱型汽车出现于 1915—1930 年。

处于起步阶段的事物往往会以惊人的速度发展，特别是像交通工具这样需要满足人类速度需求的事物。随着发动机性能的迅速提高，开放式车舱的弊端日益凸显。因为高速行驶状态会破坏贵族们优雅的妆容和仪表，所以部分车型出现了挡风玻璃的设计，采用封闭舱室设计的车型也很快成为市场的主流。汽车在满足功能需求的同时，开始了美学设计的萌芽。

自 19 世纪末至 20 世纪初，世界上陆续出现了戴姆勒、奔驰、福特、劳斯莱斯、雪铁龙、菲亚特等汽车公司。1915 年，美国福特公司制造了一款新型的福特 T 型车（图 1.2）。这款车像一只大箱子，有门和窗，人们称之为“箱型汽车”。

福特 T 型车的问世使 1908 年成为工业历史上重要的一年，它以低廉的价格将汽车带入人们的日常生活，美国也从此成为“车轮上的国

图 1.1　戴姆勒 · 本茨的夫人贝瑞塔林格女士在驾驶奔驰一号

图 1.2　福特 T 型车

度”。这款汽车的巨大成功源于农民出身的亨利·福特（图 1.3）的数次创新，他用流水线大规模作业取代传统的手工制作，采取支付员工更高的工资以拉动市场需求的“5 美元日薪工作制”等。1908—1927 年，福特汽车公司共销售了 1500 多万辆车，相当于当时全球汽车产量的一半。这一销售量，除了“甲壳虫”型车以外，至今还无其他车型能望其项背。

由于箱型车造型的局限性，前窗玻璃、车顶、车尾部都会产生空气涡流而极大地妨碍汽车的速度，所以，人们又开始研究一种新的流线型车。

随着汽车的发展，人们开始关注如何提高行车速度。这主要有两个途径：一是增大功率，二是减小空气阻力。当车速超过 100km/h 后，功率几乎都消耗在克服空气阻力上，因此，通过降低车身高度来减少空气阻力显得至关重要。于是，当时汽车的高度由 2.7m 逐渐降到 1.3m，但由于高度的降低，自然影响到前方视野和乘坐的舒适性，后来转为通过提高功率的办法来克服空气阻力（图 1.4）。这样一来，发动机由单缸变成四缸、六缸、八缸，因而发动机罩也随之加长。当时有种倾向，认为发动机罩越长，则功率越大、车速越高。甚至出现了不少

图 1.3 福特汽车创始人亨利·福特和福特 T 型车

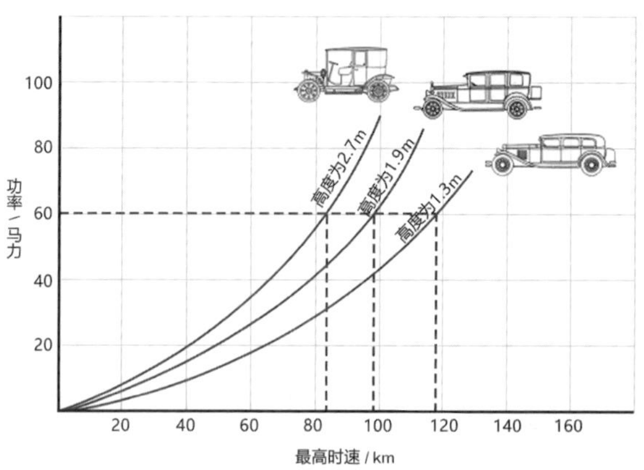

图 1.4 车身高度对风阻的影响（资料来源：硕士研究生刘起源重绘）

图 1.5 阿尔法·罗密欧公司制造的 8C2900 B Lungo

故意把发动机罩加长的汽车，如图 1.5 所示，1935 年阿尔法·罗密欧公司制造的 8C2900 B Lungo 就是大功率长发动机罩造型设计的典型代表，在当时的汽车领域引起了极大反响。

1.3 甲壳虫型汽车

甲壳虫型汽车出现于 1930—1940 年。

前面所讲的减少迎面阻力最简单的方法降低车顶的高度，这是显而易见的，但空气中的涡流是不易看到的，涡流阻力也不是凭人的体验所能判断的，这就要运用流体力学原理，通过风洞试验来解决。

1920 年，德国人保尔·亚莱用风洞对著名的

齐伯林号飞艇进行空气阻力研究，发现前圆后尖的物体阻力最小，从而找到了解决形状阻力的途径（图 1.6）。之后，流体力学的研究中心转移到美国，密歇根大学的雷依教授于 1934 年采用风洞和模型汽车来测试各种车型的风阻系数（与飞机、雨滴对比）（图 1.7）。

流线型车身的大量生产是从德国的“大众”汽车开始的。1933 年，费尔迪南特 · 波尔舍设计一种大众化的汽车。这款类似甲壳虫外形的汽车，充分发挥了甲壳虫外形的优势，使其成为同类汽车中的王者。“甲壳虫”也成为这款车的名字并在全世界畅销，创造了单款汽车销量超过 2600 万辆的销售神话（图 1.8）。

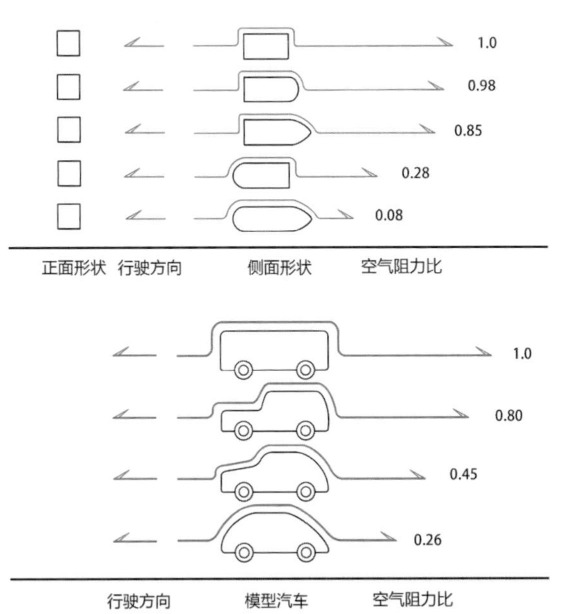

图 1.6　不同车体形态的风阻系数（资料来源：硕士研究生郭爱伦绘制）

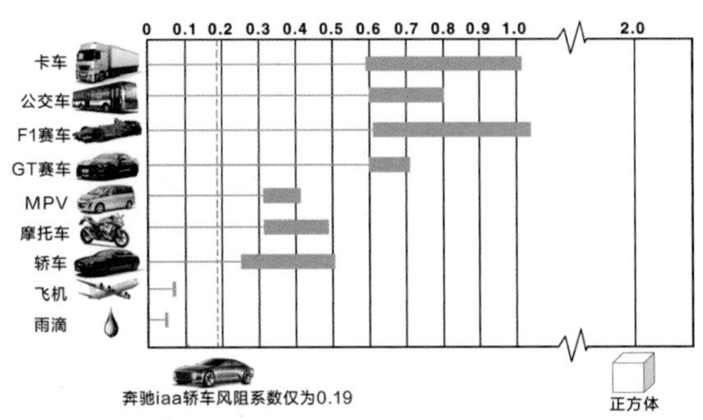

图 1.7　不同车型的风阻系数（与飞机、雨滴对比）（资料来源：硕士研究生郭爱伦绘制）

“甲壳虫”型轿车实现了 4 人乘坐，采用风冷发动机，100km 耗油 6L，时速超过 100km，型号有千余种。2019 年 7 月 10 日，最后一辆“甲壳虫”在墨西哥工厂下线，标志着该车型的结束。

1939 年，法国雪铁龙公司决定设计一种“人人都买得起的大众经济型轿车”。这款原型车在第二次世界大战后成为 2CV 汽车，其外部线条一直从汽车前部延伸到后保险杠上，波纹钢的引擎罩十分显眼。只有一盏前灯，没有车顶，用一块可以卷起的帆布代替，有一对雨刷，但没有动力，必须手动工作，售价只有 750 美元。被誉为“四个轮子一把伞”。

1957 年菲亚特 FIAT 公司又研制出 500D 小型车，造型更加成熟，内部空间设计得也很合理，除了前座可以乘坐两个大人，后座还可以坐两个小孩，或放一个大购物篮，赢得大众的一致喝彩，从 1957 年到 1977 年共生产 400 多万辆，在进军国际汽车市场上走出了一条成功之路。与大众“甲壳虫”、法国的“2CV”、英国的“迷你”，并称世界最著名的四大微型轿车。

图 1.8　波尔舍设计的“甲壳虫”型轿车

1.4 船型汽车

船型汽车出现于1950—1960年。

第二次世界大战结束后，福特汽车公司在1949年推出了具有历史意义的新型福特V8型汽车。它与“甲壳虫”型车有很大区别，在造型上前翼子板和发动机罩、后翼子板和行李舱罩融为一体，头灯与散热器罩也形成整体，车身两侧形成一个较平顺的面，内室位于车的中部，整个造型很像一条船，从而开启了“船型汽车”的时代，如图1.9所示。福特V8型汽车不仅在外形上有所突破，而且考虑到驾驶座位的操作性和舒适性，这就是在战争中发展起来的人体工程学被应用在汽车的设计与制造方面并达到实用化程度的结果。福特汽车公司强调以人为主体的设计思想，让设计师摆脱单一的依据机械工程原理或只从艺术美感来设计汽车外形的模式，使设计师置身于驾驶者和乘坐者的位置，来思考设计便于操控、乘坐及维修的汽车造型。无论是从外形上还是从性能上来看，福特V8型汽车都优于以往的汽车，较好地解决了车身正面空气阻力和横向风力不稳定的问题，使车内空间更为宽敞，外形完整统一。从20世纪50年代开始，无论是美国还是欧亚大陆，不管是大型车还是中小型轿车，都采用了船型车身。

随着船型汽车的发展，有人为追求更多的流线型变化，开始将飞机尾翼上的造型搬到汽车尾部造型上来。我们知道，飞机的垂直尾翼主要用于保持机体的方向稳定，具有实际功能，而单纯地把它用在汽车车身上，并没有什么价值，仅仅是为了增加一些形式上的动感效果。例如，凯迪拉克生产的埃尔多拉多尾鳍，已经发展到令人吃惊的地步，高高翘起的尾鳍大大超过了行李舱的高度，看上去就像火箭的尾翼。一时间，美国的各大汽车公司都在这种纯装饰性的尾翼上大做文章，竞相争比看谁的尾巴翘得最高，有的尾鳍甚至延伸到了车顶。例如，1953年，克莱斯勒汽车公司设计出“概念试验汽车”车型K-310，其车身外观同样也表现出船型汽车造型的设计韵味，如图1.10所示。

1953年，凯迪拉克推出了第一款战后版本的豪华轿车埃尔多拉多(Cadillac Eldorado)，如图1.11所示。主持该车设计的哈利·厄尔

图1.9 福特V8型汽车

图1.10 克莱斯勒汽车公司设计的“概念试验汽车”车型K-310

图1.11 凯迪拉克埃尔多拉多

图 1.12　克莱斯勒汽车公司推出的 Chrysler-300C

为了追求车身的造型样式，设计了 6.1m 长、1.83m 宽的巨大车体，采用了排量为 6.3L 的 V8 发动机。安装在车尾部的尾鳍竟长达 1.1m，将流线型推向了极致，成为当时风靡一时的文化标志，代表了尊贵、富有和权势。这种汽车造型受到上至总统议员下至富豪的热烈追捧，1996 年美国邮政还为该车型发行了纪念邮票。哈利 · 厄尔因此被誉为汽车设计史中具有里程碑意义的人物。今天被大范围应用的油泥模型，以及概念车的定义都来自哈利 · 厄尔，更重要的是他提出了车型定期改款的思路，大大促进了汽车销售。

1957 年，克莱斯勒汽车公司推出了自己的豪华轿车 Chrysler-300C，不仅车身庞大，而且在车尾部也加上了长长的尾鳍，以迎合当时流线型大尾鳍的设计风格，如图 1.12 所示。

如图 1.13 所示，这种高尾鳍流线型设计开创了 20 世纪 50 年代汽车造型设计的先例，并取得了商业上的巨大成功。此后，美国乃至全世界各国汽车设计师都在这一思潮的主导下，不断追随形式上的变化，设计出无数种高尾鳍流线型汽车，各种作品风格更是层出不穷，达到无人企及的地步。但经历了高尾

图 1.13 1959 年别克 Invicta 轿车

鳍流线型汽车造型后，设计师认识到这种大尾鳍不仅与汽车的功能没有必然联系，而且会对空气动力性产生不利影响，因此到 20 世纪 60 年代后期，这种仅仅是为了增加一些形式上动感效果的高尾鳍汽车造型逐步消失了，取而代之的仍然是那种平直、柔顺、简练的船型造型风格。

1.5 鱼型汽车

鱼型汽车自 20 世纪 50 年代开始出现。

船型汽车的尾部造型过于向后延伸所形成的阶梯造型，使得其在高速行驶时会产生较强的空气涡流。为解决这一问题，后期船型汽车的后挡风玻璃和尾部的夹角逐渐变小，形成斜背式的设计，从而减少了空气涡流所带来的阻力。由于斜背式设计很像鱼的脊背，因此得名“鱼型汽车”。

最初的鱼型汽车是美国 1952 年生产的别克牌小轿车（图 1.14）。1964 年的克莱斯勒顺风牌轿车（图 1.15）和 1965 年的福特野马轿车都采用鱼型造型。之后，各国汽车厂家逐渐生产起鱼型汽车，如大众、丰田、马自达等汽车公司都先后设计制造出斜背式或半斜背式车型。

20 世纪 60 年代初，英国阿斯顿 · 马丁汽车公司推出的这款 DB6 Volante SWB 双门跑车（图 1.16），外观更加饱满圆润，特别是两只前大灯的造型被巧妙地融入车身翼子板内，开在车身侧围板上的通风槽显示出强劲的动感。

1955 年，由兰米尼奥·贝托尼设计的一款被誉为太空飞船的车雪铁龙 DS 诞生了，它是改变汽车设计历史的杰作之一（图 1.17）。其车身造型具有十足的鱼型汽车特征，镀铬效果的进气槽与保险杠浑然一体，既完整又统一，代表了雪铁龙汽车公司在 20 世纪 50 年代的最高设计水准。该车推向市场后很快在欧洲大陆普及起来。

1962 年款的福特雷鸟车型也尝试将鱼型汽车的设计风格用于体积宽大的高级敞篷轿车上。前照灯、保险杠和进气口被作为一个整体，整合成像鱼一样的下颌造型，并一气呵成贯穿于车的尾部，看上去既有鱼的表情特征，又显露出雍容华贵与众不同（图 1.18、图 1.19）。

这款在 1963 年设计的兰博基尼（图 1.20）与其他几款魅力十足车型的共同特征就在于它们的短尾造型，采用的都是“鱼型鸭尾”式设计，其目的是在高速行驶中减小升力，克服因横风吹袭发生偏移的缺点。当然，这种

图 1.14　别克牌小轿车

图 1.15　克莱斯勒顺风牌轿车

图 1.16　阿斯顿·马丁 DB6 Volante SWB 双门跑车

图 1.17　1955 年款雪铁龙 DS 轿车

图 1.18 福特雷鸟的设计进化

短尾设计大都出现在追求速度的超级跑车上，更多是为了满足那些喜欢跑车运动或彰显个性的年轻一族。这款兰博基尼 350 GTV Prototype 超级双门跑车，堪称是鱼型汽车的经典之作。其前倾的引擎罩配合弯曲的后背和隆起的背脊呈现出迷人的雕塑之美，使人很快联想起鲨鱼的外形，给人以动力和速度感。特别是两只前照灯采取了隐蔽式设计，使整车造型更加简洁、精良。

1966 年，德国保时捷汽车公司推出了这款 911S 双人跑车（图 1.21），它是典型的鱼型汽车斜背式设计，整体形态非常符合高速行驶的空气动力学要求。其基本造型在所有的车款样式中保持未变，为保时捷汽车公司树立起了高品质汽车的声望。

图 1.19 1962 年款的福特雷鸟尾部

图 1.20 兰博基尼 350 GTV Prototype 超级双门跑车

图 1.21　第一代保时捷 911S 双人跑车

图 1.22　1968 年款福特野马 GT 型跑车

图 1.22 所示是 1968 年款福特野马 GT 型跑车，设计上除了保留鱼型汽车造型之外，还加入了当时在美国逐渐流行的“肌肉感”设计特征，车身造型给人以强劲的动力感，汽车的后翼子板与斜背有机连成一体，显得十分强健而潇洒。这款车倍受年轻人的追崇，同时由于其价格低廉，因此市场销售非常成功。

图 1.23 所示的这款在 1969 年被霍顿汽车公司的工程师采用现代汽车制造设计技术进行复活的概念车，便是曾经在墨尔本车展上掀起了一股动能“飓风”的霍顿飓风 (Holden Hurricane)。这辆将肌肉线条与激进线条融为一体的跑车不仅具备当时数一数二的超强动能输出，而且在技术上具备了科技前瞻性，如其在后视镜部分加入了近年来才应用在高端量产车上的后视监测摄像头。

更令人惊奇的是，这辆跑车所采用的 Pathfinder 数理定位系统也与现代 GPS 导航系统极为相似，能够为驾驶者自动搜索最近的目的地路线图。霍顿飓风曾经凭借其所搭载的那台绝无仅有的 V12 发动机而在近现代跑车制造史上留下了浓墨重彩的一笔，尽管其 V12 引擎仅仅拥有 262Ps 的功率，但是 4.2L 的排量与经过调校能够突破 500Ps 的潜力绝对是超跑的一个原型，只可惜的是由于当时的技术瓶颈，这款车型没能实现最终量产。

图 1.23　测试中的霍顿飓风概念车

1.6 楔型汽车

楔型汽车自20世纪60年代开始出现。

为了解决鱼型汽车的升力问题，人们设想了许多方案，最理想的方法是使汽车车身整体向前下方倾斜，就如同一个楔子的形状，楔型车身的前部低，形成风压，可以防止前轮发飘，有效地克服升力。赛车可以单纯考虑流体力学问题，完全设计制造成楔型，但作为实用型的小轿车就需要两者兼顾。1963年，美国司蒂倍克汽车公司首先按楔型设计了阿本提轿车（图1.24），但这款车的造型过于超前，很难被人们接受，所以无法打开市场。1966年的美国通用汽车公司奥兹莫比尔·托罗纳多（图1.25）和1968年的凯迪拉克等高级轿车，都继承和采用了这种楔型造型。

在楔型车身设计方面主要有以曲线、曲面和直线平面的基本要素构成的造型形态，它们在形态表现、空气动力、风阻系数和语义特征等方面都有着不同的功能特性及形式美感。确定采用哪一种形式或风格并非简单地取决于设计师本人的愿望，需要整合技术、功能、审美等方面的因素。

图1.24　司蒂倍克·阿本提楔型轿车

图1.25　通用公司的奥兹莫比尔·托罗纳多轿车

20世纪60年代末，业界对流体力学问题的研究，特别是在带有楔型特征的车身造型方面取得了重要突破。自进入20世纪70年代以来，世界各国厂商和设计师都在楔型车身设计方面展开了进一步的开发。无论是在汽车性能上还是在车身造型上，都取得了令人瞩目的成就，同时也涌现出一批具有创造性和探索未来概念的设计大师及其设计的经典作品。

1963年，通用公司雪佛兰部率先推出了克尔维特Chevrolet-Corvette Mako Shark楔型概念跑车，它是美国历史上超级跑车的先驱（图1.26）。其锐利的楔形造型不仅仅受到年轻人的喜爱，更拥有广大的消费市场。进入20世纪90年代后，这款车已开发出了第五代车型。

图1.27所示的是意大利著名汽车设计大师吕思奥·博通在20世纪70年代最具代表性的楔型车身设计，充分体现出他对速度与形态的理解，突出表现了功能特性及形式美感的完美结合，特别是雕塑般的车窗和车门给人以强烈的视觉冲击力。

图1.28所示的是英国专门生产高性能运动跑车的莲花汽车公司在20世纪70年代推出的机智（Esprit）跑车，它综合了人体工程学多方面的设计要素，将楔型造型最大限度地用于成品车开发，在驾驶室、仪表板、座椅和发动机布置等方面获得了一系列宝贵经验。后来，这款车在007电影中一举成名，白色的Esprit跑车甚至可以在海里行驶。而且，这个楔型车身设计从1976年一直持续到2004年停产。

图 1.26　1963 年的克尔维特 Chevrolet-Corvette Mako Shark 楔型概念跑车

图 1.27　吕思奥 · 博通的楔型车身设计

图 1.28　1980 年莲花 Esprite Turbo

20 世纪 60 年代，兰博基尼汽车公司陆续推出了不少具有个性的跑车，如图 1.29 所示的这款标准的迪亚波罗（Diablo）概念跑车是 20 世纪 90 年代出品的。它继承了上一代楔型车身的优势，凭借优良的空气动力特性和完美的造型设计，成为世界上最受欢迎、速度最快的超级跑车。拳王泰森也拥有一辆黄色的兰博基尼 Diablo，可见它的风靡程度。

图 1.29　拳王泰森的黄色兰博基尼 Diablo

如图 1.30 所示，兰博基尼 Countach 拥有优美、简洁且极具未来感的线条，时至今日，依旧迷人。这一设计由 Carrozzeria Bertone 公司的设计总监马塞罗 · 甘迪尼打造。“剪刀门”的设计同样是由马塞罗 · 甘迪尼负责，此后便成为兰博基尼 12 缸量产车型的经典标志。

“Countach”这一名字源自意大利皮埃蒙特大区的方言，表示“惊叹”。当时，为了防止劳工动乱引起的停工，车辆在组装的最后阶段一直被隐藏在都灵格鲁利亚斯科附近农场的农用机械库房内。当一位农民发现它时，激动地惊呼：“Countach！”随后，出生于皮埃蒙特的马塞罗 · 甘迪尼了解到这个故事，并意识到这个词具有非常强的可传播性，便说服了吕思奥 · 博通、费鲁吉欧 · 兰博基尼和他的同事，让这款车使用“Countach”作为名字。

从 1974 年到 1990 年，兰博基尼 Countach 共推出了 5 款车型。兰博基尼 Countach 是一代人卧室海报的“主角”，也曾在数十部电影中出镜。这款车型让兰博基尼成功渡过了品牌历史上最艰难的时期，成为永恒的传奇。

图 1.30　兰博基尼 Countach

1.7　多用途复合型汽车

多用途复合型汽车自 20 世纪 80 年代开始出现。

20 世纪 80 年代后，三厢车和两厢车型的空气动力学已经接近成熟，一种新的车型——MPV（多用途复合型汽车）问世，它集轿车、旅行车和厢式货车的功能于一身，能满足人们的各种需求。这种车型在中国被俗称为“子弹头”。MPV 在外形上集合了流线型与楔型汽车的优点；在功能上，较大的前挡风玻璃倾斜角度和光滑的车身有利于降低风阻系数（小于 0.3）和提高车速。

如图 1.31 所示，道奇推出的 Caravan 销量十分可观，在美国家庭中非常受欢迎，周末一家人可以开着它到郊外露营游玩。

图 1.31　道奇 Caravan

但 MPV 在中国市场的销量就不那么乐观了，首先是它偏高的售价不符合中国人的消费水平，其次是它笨重的车身不符合中国人的审美，再加上中美不同的文化差异和生活方式，这些都导致了 MPV 在中国的水土不服。相反，SUV（运动型多用途汽车）在中国却大受欢迎。在那个时期，也出现了被誉为“虎头奔”的奔驰 W140（图 1.32）、宝马 E39 M5（图 1.33）及宝马 E66（图 1.34）等经典车型，它们甚至一度被当作情怀追捧，成为改装圈的宠儿。

进入 21 世纪，随着人们物质和精神生活水平的提高，汽车的造型开始向复合型发展，汽车设计结合了各种车型的优点，能更好地满足人们多样化的需求。

图 1.32　奔驰 W140

图 1.33　宝马 E39 M5

图 1.34　宝马 E66

1.8 汽车设计的未来

随着新兴技术的全面发展，小米、华为等跨界科技企业先后进军造车领域，为汽车产业注入了极大的活力。以智能出行为要义的全场景、在地性设计层出不穷，受到了业界的密切关注及年轻群体的追捧。由此，汽车的属性近些年也在被频繁地重新定义着。

2015 年前后，以蔚来汽车（图 1.35）为代表的一批新能源汽车制造企业陆续成立，如小鹏汽车（图 1.36）、威马汽车、理想汽车、哪吒汽车等新的汽车品牌在短时间内不断涌入市场。同时，传统车企也陆续推出了它们的新能源汽车产品，如上汽荣威 MARVEL-R（图 1.37）、广汽埃安 AION S PLUS（图 1.38）等车型，这些产品无论是外观美感还是在核心性能方面，都展示出不俗的实力。尤其值得一提的是五菱宏光 MINI EV（图 1.39），它凭借较高的品质和低廉的售价，一举从特斯拉手中夺过电动汽车销量

图 1.36 小鹏 P7

图 1.37 荣威 MARVEL-R

图 1.35 蔚来 ES8

图 1.38　广汽埃安 AION S-PLUS

图 1.39　五菱宏光 MINI EV

图 1.40　华为自主研发的电机

榜的冠军宝座，为自主品牌提气。

同时，业界渐渐注意到，一方面，拥有自己的核心技术十分关键（图 1.40）；另一方面，提升交通系统效率的意义已经大于提升车辆本身效率的意义。汽车设计正在从设计本身向构建更加完善的汽车社会方向发生转变，设计师需要学会在人、社群和环境等维度的大语境下去进行设计工作。传统的车辆形态美学已经不再是汽车设计的主体，交通工具设计需要从造型转变为创境，从赋形转变为赋能、赋链。在这样的大背景下，汽车产业将面临一系列的变革或重塑，设计师也将需要承担更多的职责。可以看出，我们正处在一个竞争前所未有而又令人振奋激昂的创新时代，出行的明天具有无限可能，我们期待中国的汽车元年早日到来。

本章思考题

（1）汽车发展经历了哪些演变历程？

（2）给你留下最深刻印象的车型或相关人物有哪些，原因是什么？

（3）你认为汽车发展史中的哪个阶段最为精彩，原因是什么？

（4）你认为过去的车和现在的车有哪些本质区别？这对你的设计会有什么启示？

第 2 章
设计方法

本章要点

■　对汽车造型设计专业术语的掌握。

■　汽车造型设计所涉及的相关工具及基本透视原则。

■　总布置图 Package 的制作方法。

■　油泥模型的制作方法。

本章引言

汽车造型设计所包含的车身术语及专业设计术语繁多，这些术语对设计师与设计师、设计师与工程师等角色之间的有效沟通起到了至关重要的作用。了解相关术语后，可以为掌握透视、手绘、电子设计、总布置图、油泥模型制作等部分的知识提供必要的前提条件。本章为通往设计方法内容的先行篇，通过本章的学习与训练，学生可锻炼设计沟通、设计表达的基本能力，形成正确的设计思路，为后续进阶学习打下良好的基础。

2.1 汽车外饰设计专业术语

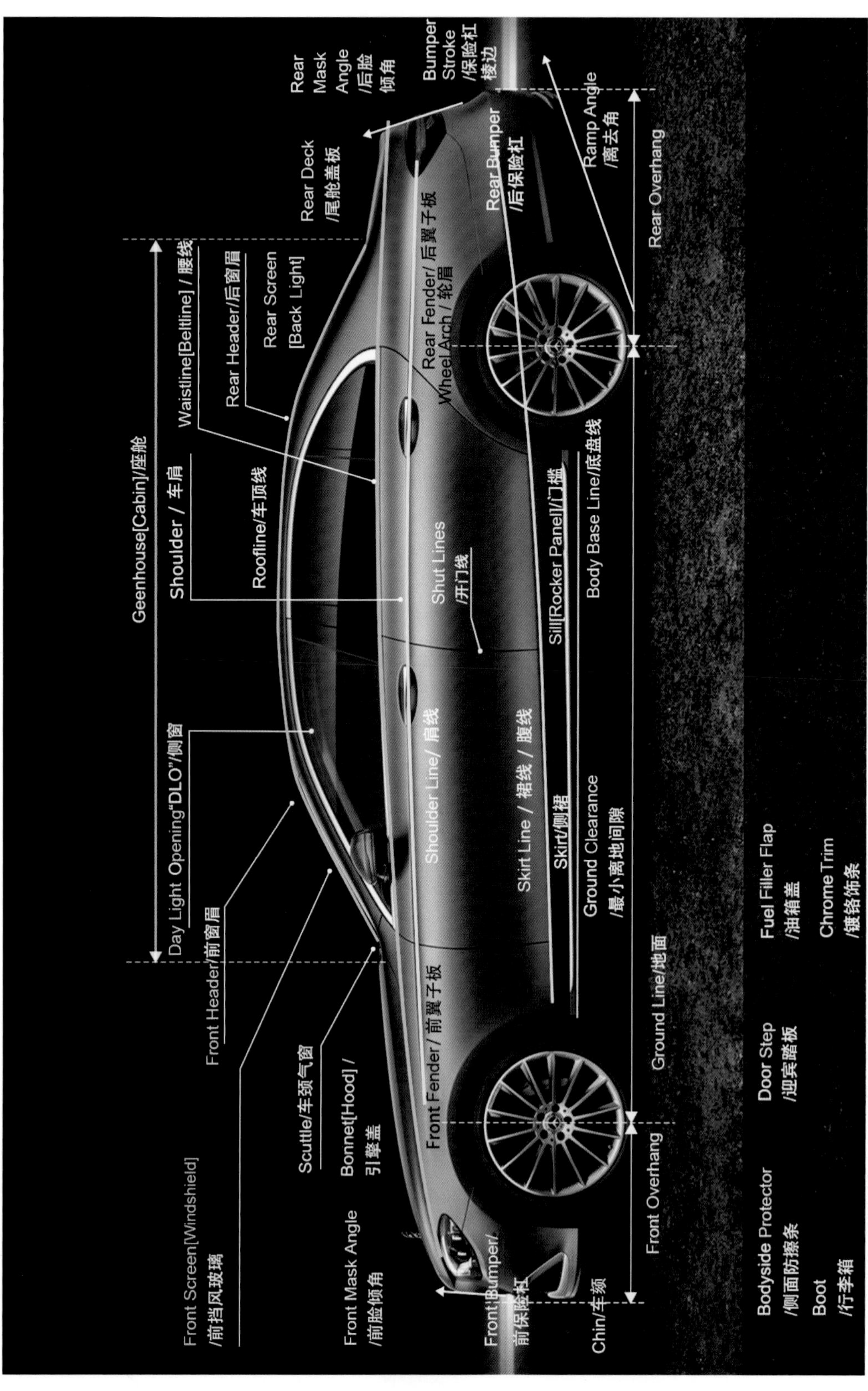

图 2.1 车身侧视图专业术语（资料来源：硕士研究生刘起源制作）

汽车外饰设计涉及专业术语较多（图 2.1 至图 2.7）。在项目设计中，专业术语可以高效准确地传达设计意图，提高沟通效率，甚至可以打破国界限制，与不同国家地区的设计师进行顺利的沟通。所以，掌握常用的专业术语对于学习汽车设计的人来说是非常重要的一部分内容。

图 2.2　车身正背面专业术语（资料来源：硕士研究生刘起源制作）

图2.3 车身侧面专业术语（资料来源：硕士研究生刘起源制作）

学术解释

腰线（肩线）：贯穿侧窗下部车身的水平带状区域。

分析

国外：Beltline/Waistline 狭义是指侧玻璃下边缘线，广义泛指车肩区域(Beltline=Shoulder)。

Shoulder Line 指侧面钣金造型特征线，为 Shoulder 区域下边缘。

国 内：Beltline/Shoulder/Shoulder Line 均俗称腰线，无肩线一说。

原则：延用广义腰线说，逐步引入车肩、肩线、翼子板线之说。

图2.4 车身正面专业术语(1)(资料来源：硕士研究生刘起源制作)

从防火墙(虚线)到前轮轴心的距离是一个非常关键的参数，叫“Dash-to-axle”，译为“车颈长度”。

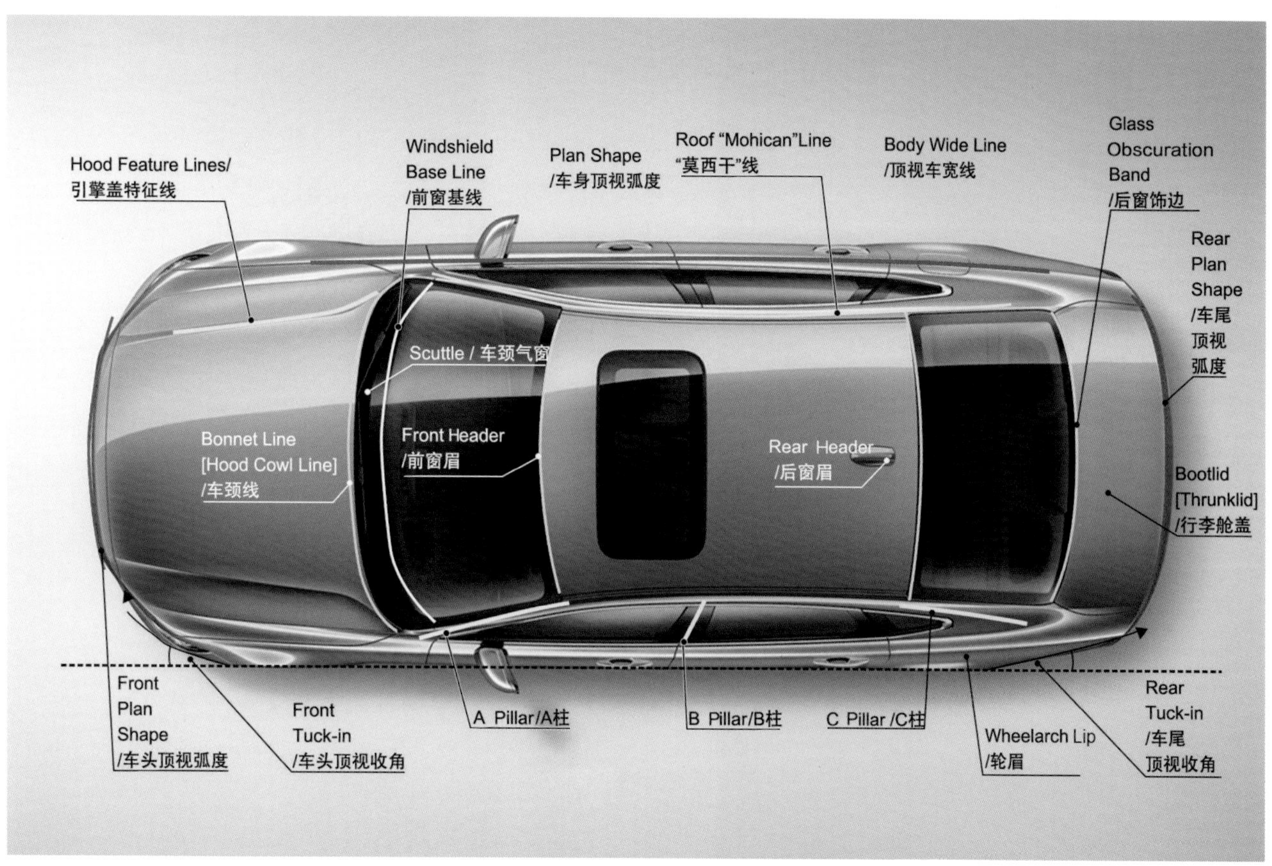

图2.5 车身顶面专业术语(资料来源：硕士研究生刘起源制作)

图 2.6　车身正面专业术语 (2)（资料来源：硕士研究生刘起源制作）

裙线 / 腹线

分析：Skirt Line 是指车门下部造型特征线，Skirt 为地板以下侧裙，也指改装车下部裙状覆盖件。“腹线”一词在国外无对应词。

原则：裙线、腹线不做严格区分，建议长而贯穿者为裙线，短而上扬者为腹线；裙线以下车身为车裙。

图 2.7　车身局部专业术语（资料来源：硕士研究生刘起源制作）

2.2　汽车内饰设计专业术语

汽车内饰设计专业术语如图 2.8 至图 2.10 所示。

图 2.8　汽车内饰设计专业术语 (1)（资料来源：硕士研究生刘起源制作）

图 2.9　汽车内饰设计专业术语（2）（资料来源：硕士研究生刘起源制作）

▶从制造层面划分

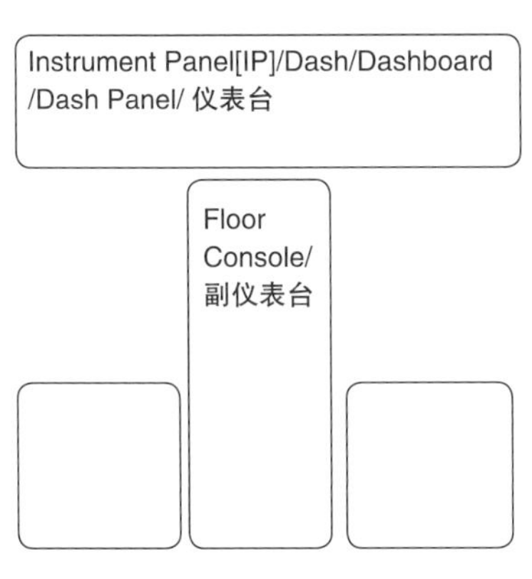

▶从功能层面划分

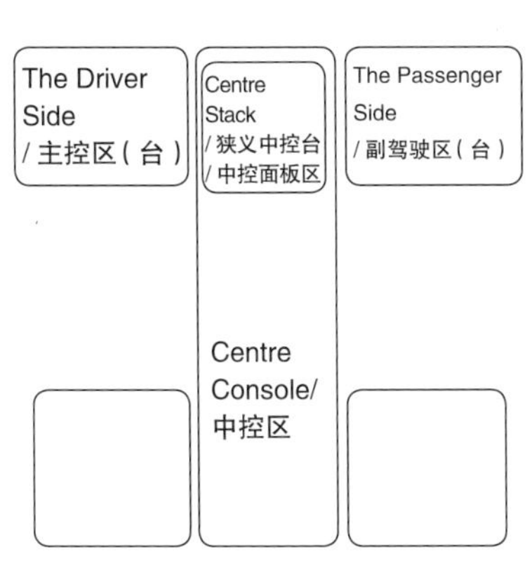

图 2.10　汽车内饰设计专业术语 (3)（资料来源：硕士研究生刘起源制作）

2.3 汽车外饰设计基本准则

汽车不仅有大量的车身专业术语，而且在设计层面也有一系列专属术语，对设计交流起到十分关键的作用。先行了解这部分知识，对深入讲解车体造型设计方法具有重要意义。图 2.11 中列出了设计师较常用的造型设计术语，在后续内容中，我们会从中选择一些关键点进行深入讲解。

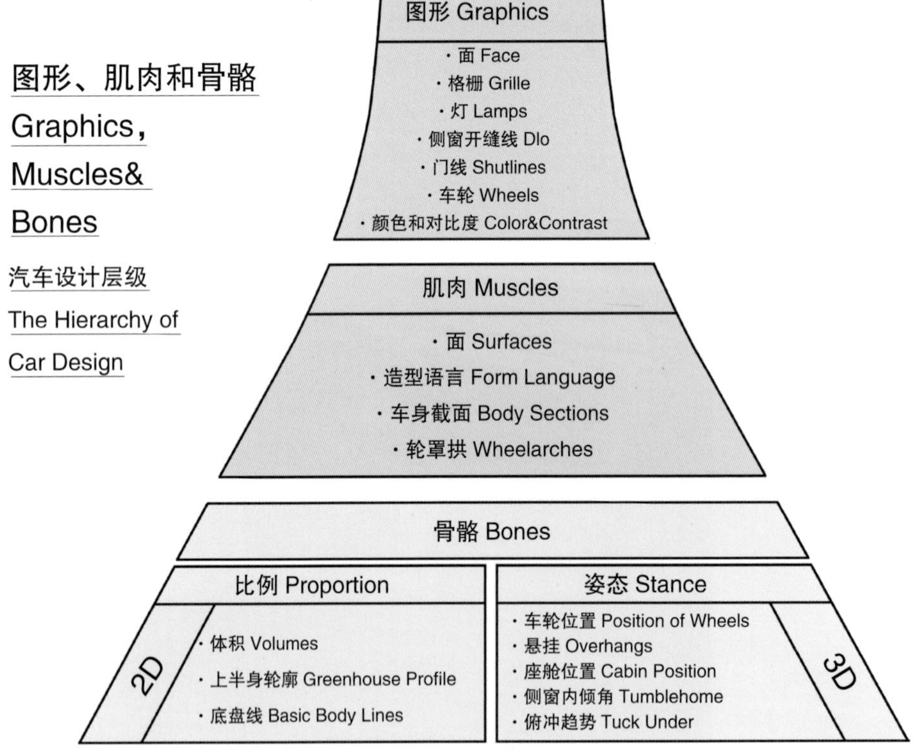

图 2.11　汽车造型设计层级图解（资料来源：硕士研究生郭爱伦绘制）

车身正面绘制的关键是画准比例，职业设计师可以通过经验和感觉较为准确地画出车身的比例，但对于初学者而言这并非易事。我们可以在不同级别的车型中总结规律，如通过轮距来进行车辆尺寸的定位，这是一种十分快捷且实用的绘制方法。另外，绘制带有透视关系的草图，也可以通过椭圆线画法来准确地把控比例与透视，如图 2.12 所示。

1. 在脑海里先想象一辆车，然后画出地平线并确定车轮的尺寸。

2. 通过 3 个轮距确定前后轮的轴距。

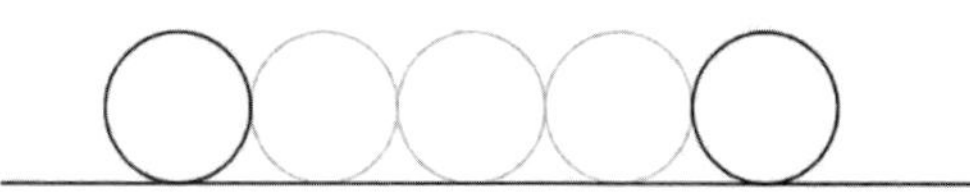

3. 先叠加一个圆以确定车高，然后作一条线设定底盘的离地间隙。需要注意的是，轿车底盘一般位于车轮中心下方 1/4 的高度，而卡车底盘则是在车轮中心的高度。

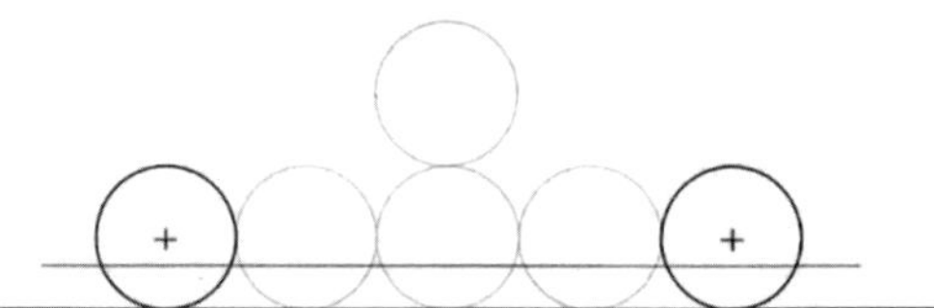

4. 设定车颈的角度，后驱车的这个角度通常为 45°。

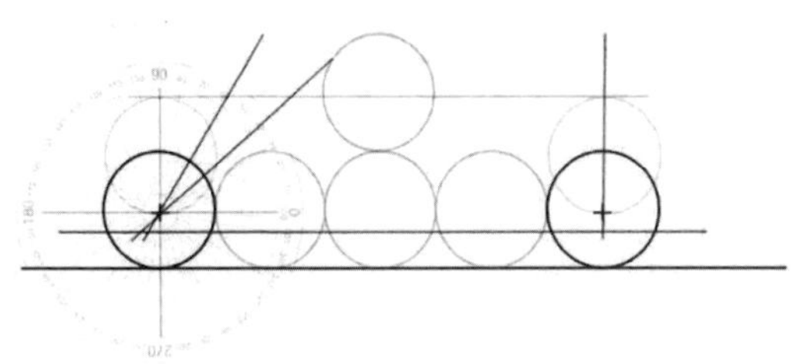

5. 用流畅的线条绘制出车顶轮廓线及前后悬部分。

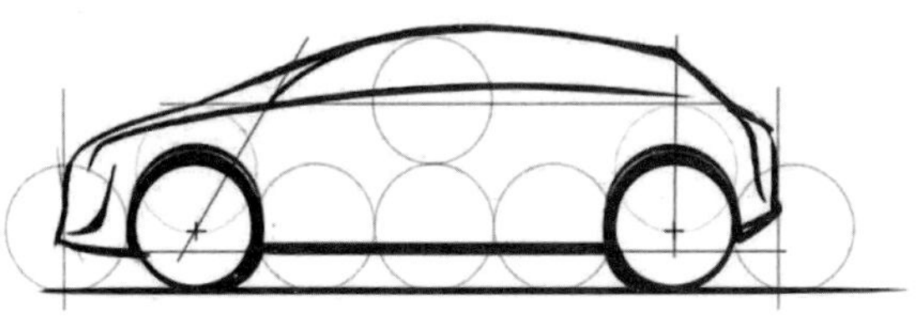

6. 完成车身轮廓之后，作出侧窗开缝线，再加上特征线、门缝线、车轮等细节。

图 2.12 用车轮计算比例的草图画法

2.3.1 车的比例

比例指的是车身的侧视轮廓、轴距长短、前后悬比例、车窗等元素与车身间的比例关系。通常，我们可以通过车轮的外径来大致评价和判断一辆车的比例或级别，如图 2.13 至图 2.15 所示。

A00 级乘用车轮距大致为 2 个，高度不到 1.5 个。前后悬极短，既使车身稳定，又使车内空间最大化。

A0 级乘用车轮距 3 个左右，高度 1～1.5 个。车身多为前置前驱，所以前悬略长后悬略短，且在 0.5 个左右浮动。

A 级掀背车轮距 3 个左右，高度 1 个稍多。发动机舱通常会容纳 2.0L 甚至 2.3L 的发动机，使得前悬长度进一步变长，长度接近 1 个。前悬短后悬长会营造出来向前冲的姿态，使车身更显运动感。

A 级轿车轮距 3 个，前后悬不超过 1 个，高度 1 个多。较短的前后悬营造出干净利落的比例姿态。

A 级轿车接近 3.5 个的轮距，接近 1 个的前悬，超过 1 个的后悬，达到 1.5 个的高度。车轮太小在视觉上造成车身相对过大，过长的前后悬显得车尾部比较拖沓。

图 2.13 不同车型的车轮比例计算方法（1）（资料来源：硕士研究生刘起源制作）

B 级轿车轮距 3 个，高度 1 个，前后悬将近 1 个。该比例的汽车造型在视觉上较为和谐匀称。

C 级轿车轮距 3.5 个左右，高度 1 个。与 B 级车相比，C 级车轮距更长，空间和造型上更加舒展。

D 级轿车随着轴距的增加，轮距一般在 3.5 个甚至超过 3.5 个。D 级轿车的设计语言以优雅为重心，因此后悬普遍长于前悬，更能体现出端庄大气的气质。

小型 SUV 轮距 3 个左右，高度 1 个，前后悬 0.5 个。车长通常在 4200mm 以下。

紧凑型 SUV 轮距 2.5～3 个，高度略高于 1 个，前后悬均在 0.5～1 个。车长通常在 4200～4600mm。

图 2.14　不同车型的车轮比例计算方法 (2)（资料来源：硕士研究生刘起源制作）

中型 SUV 轮距 3 个左右，高度略高于 1 个，前后悬均在 0.5 个左右。车长通常在 4600～4800mm。

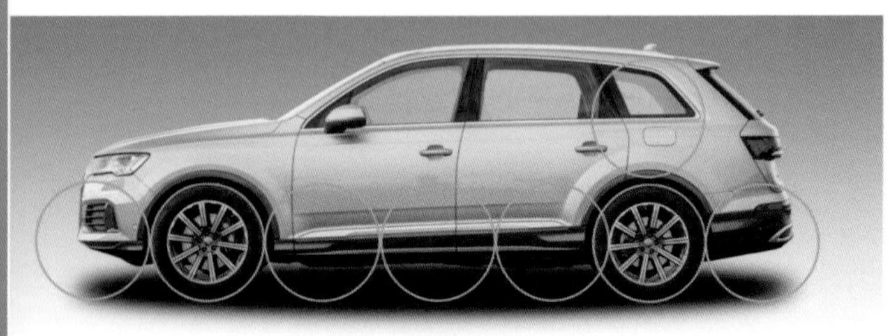

中大型 SUV 轮距 3 个左右，高度略高于 1 个，前悬在 0.5 个左右，后悬接近 1 个。车长通常在 4800～5000mm。

全尺寸 SUV 轮距 2.5～3 个，高度略高于 1 个。前悬长度 0.5 个左右，后悬长度 1 个。车长通常在 5000mm 以上。后悬长度和车身高度增加，使整车在视觉上和空间上与中大型 SUV 相比差异明显。

皮卡轮距大于 3 个，前悬长度 0.5 个，后悬长度 1 个。高度略高于 1 个。车长通常大于 4800mm。皮卡需要载人载物，超过 3 个轮距能带来更大的轴距和空间。

图 2.15　不同车型的车轮比例计算方法（3）（资料来源：硕士研究生刘起源制作）

2.3.2　车的姿态

一辆车的姿态就好比人的站姿、坐姿及行动时的姿态，它可以体现出一辆车的整体面貌和内在气质。优秀的设计师可以通过简约的线条勾勒出优雅的车身侧面线条，塑造出犹如超模般的完美身姿。如图 2.16 所示，宝马 E46 的顶棚弧线 Roofline，连同前后窗构成了整车的侧面轮廓 Profile，特征线趋于水平，车顶轮廓线（Roof Profile）也就采取了比较水平的设计。A 柱、B 柱和 C 柱的延长线向上都会交汇在一个交点上，这个交点也是整台车的视觉重心（Visual Weight Center）。这种做法可以使得车的姿态看起来非常舒服且沉稳自信。

视觉重心是一个很重要的设计因素。首先，它决定了车的姿态倾向是向后坐还是向前冲，是高挑还是低趴。从图 2.17 中可以看到，视觉重心越低，A 柱和 C 柱的倾角就越大，整车的视觉效果就会越显低趴。

如图 2.18、图 2.19 所示，我们可以从劳斯莱斯幻影和奥迪 R8 两辆车的对比直观地感受到视觉重心对于车的姿态的影响，视觉重心的高低会营造出“运动”或“庄重”的视觉感受。若视觉重心过高，整车看起来会很“方”；反之，整车上部结构就会很“扁”，这就需要下车体造型的相应配合。同样，对视觉重心的前后位置处理也会带来很大的视觉差异。我们可以将驾驶者的位置视为整车侧面的平衡点，重心设在驾驶员之前，会形成俯冲的视觉效果；反之，则会有向后坐的感觉。所以，视觉重心的设置一定要遵循适度原则，根据对车型调性的定位进行恰当的安排。

图 2.16　宝马 E46（资料来源：硕士研究生刘起源制作）

图 2.17　奥迪 e-tron quattro Concept（资料来源：硕士研究生刘起源制作）

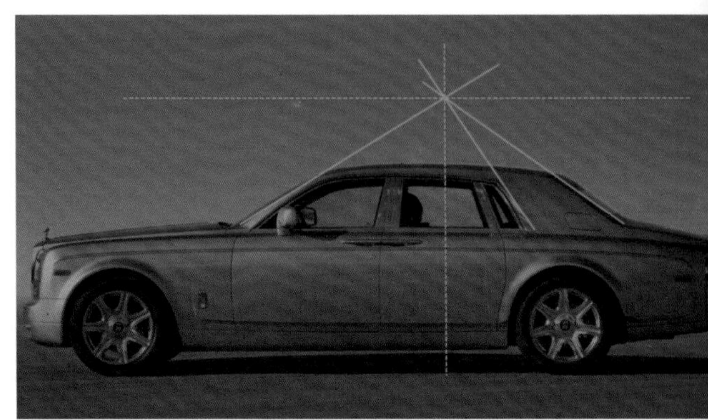

图 2.18　劳斯莱斯幻影（资料来源：硕士研究生刘起源制作）

图 2.19　奥迪 R8（资料来源：硕士研究生刘起源制作）

图 2.20 兰博基尼 Aventador（资料来源：硕士研究生刘起源制作）

图 2.21 奔驰 A45 AMG

图 2.22 劳斯莱斯幻影

图 2.23 宝马 Gina（资料来源：硕士研究生刘起源制作）

最后，线条间的制衡关系也是一个关键的设计因素。如图 2.20 所示，从兰博基尼 Aventador 的设计中能够看出，虽然设计师打算营造俯冲的速度感或攻击性，但并没有将侧面的线条全部进行俯冲处理，而是选择将特征线（Feature Line）进行俯冲，将车顶轮廓线的趋势设计为上扬，两者之间相互制衡，构成一个舒服且不乏速度感和攻击性的姿态。

2.3.3 车的线面

线面风格是车身形面和特征线所传达的视觉感受，线由面汇聚而成，所以线和面是共存的。可以将线理解为骨骼，将面理解为筋肉，曲面生出了曲线，而曲线赋予了曲面灵魂。在作线条趋势的时候，不可以脱离对形面走向的考虑，两者需要相互照应。首先，线面必须表达设计意图，突出要表现的特征，或者说表达出设计的外观属性。如图 2.21 所示，奔驰 A45 AMG 的侧身肩线和腹线勾勒出了鲜明的主题。其次，线条要有明晰的走向，要富有张力、力量感、流畅性和速度感，线条间应该具有连续或者呼应的逻辑关系。但要注意的是，如果只为了追求线条的流畅性和弹性，而过多应用“流线”，则会给人“肉”的感觉，也就是缺乏精气神、身体多脂不够健硕的感觉。

汽车设计的常见线面类型包括板正、弹性、肌肉、切削。

1. 板正

板正的曲面一般用在体量较大的车身上，会给人带来庄严、沉重的气场，如图 2.22 所示。

2. 弹性

弹性的曲面配合曲线作为骨架，会形成很骨感、纤瘦的视觉效果，如图 2.23 所示。

3. 肌肉

和完全依从曲线走向不同，肌肉表面(Muscular Surface)有自己的性格，会在曲线构成的骨架上鼓胀开来，营造充满力量感的视觉效果，如图2.24所示。

图2.24 Mustang 2015款 5.0L GT

4. 切削

由多个细碎的小曲率曲面构成大的曲面，各个曲面之间构成锋利的棱线，这就是典型的切削曲面。切削曲面产生的工业感强调了车的非自然的人造属性，可以传达出前沿、清爽、科技的调性。同时，这种曲面也非常耐看。这种处理方法已经成为一些汽车品牌近些年热衷的造型手段，如图2.25、图2.26所示。

图2.25 大众 SPORT COUPE CONCEPT GTE

图2.26 兰博基尼 Aventador（资料来源：硕士研究生刘起源制作）

2.3.4 车的元素和细节

汽车，在工业产品中是一个庞然大物，如果把汽车视为雕塑艺术，那么细节设计就相当于画龙点睛的雕刻环节。一辆优秀的汽车如果止步于充分优化的比例、姿态和线面，还不能谓之完整，比例和姿态会消耗设计师大部分精力和时间进行反复调整，而细节设计需要更长的时间才可以完成。例如，宝马集团拥有一支专属的细节设计团队，他们非常认可细节的重要性。

如图 2.27、图 2.28 所示，在林肯大陆的门把手设计上，设计师将侧窗的镀铬饰条和门把手进行了大胆巧妙的结合，不仅凸显了侧身的主题属性，而且很好地烘托出整车高贵典雅、卓尔不群的独特气质，同时也提升了层次关系，可谓一举多得。

图 2.27 林肯大陆侧视图

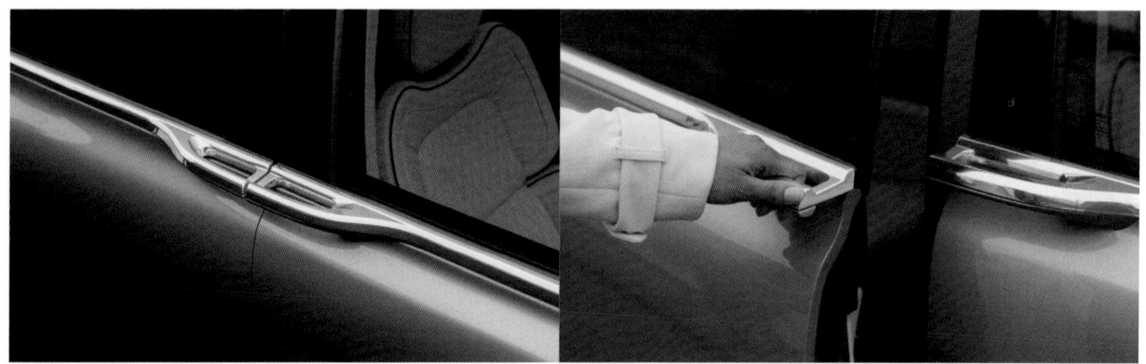

图 2.28 林肯大陆门拉手特写

图 2.29　劳斯莱斯幻影及其车标

如图 2.29 所示，劳斯莱斯幻影的车标蕴含一个凄美的爱情故事，而为了能够将这段爱情记录下来，艺术家就用故事女主角桑顿作为原型创造了胜利女神的雕塑。后来，这款雕塑就被劳斯莱斯当作车标。而这款车标根据材质的不同，价格也自然不同，最昂贵的甚至要几十万元。为了保护车标和车主的双重安全，这一代的胜利女神加入了很多功能：一是有一个电动底座，可以在熄火、碰撞甚至任何人试图触碰它的时候自动收起；二是有一个操控按钮，可以手动或自动设置当车辆达到一定速度时收回车标。

如图 2.30 所示，宝马 MINI COOPER 凭借独特的外观、灵巧的操控性能和出色的安全性能赢得了年轻一族的青睐，而其出身名门的显赫身份及周身散发的英国式的尊贵气息，更能让人感受到它的绅士风度。其尾灯加入了英国米字旗的意向，更显品牌独特。

图 2.30　MINI COOPER

图 2.31 奔驰 SLS AMG

如图 2.31 所示，奔驰 SLS AMG 采用前中置结构，因此机舱很长，以达到前后 47 ：53 的配重比。鸥翼门传承于奔驰 S300L Gullwing。其实，最早奔驰根本不是为了炫酷才设计出一款鸥翼门的车型，而是在车门下方采用了很多力学设计，所以才不得已搭配上翻式的鸥翼门。

作为一款伟大的车型，布加迪毫无疑问是很多人心目中的传奇，其无法探底的性能极限和精细雕琢的细节，让性能与艺术浑然一体。如图 2.32 所示，马蹄形中网，四点式大灯组，“C”字形腰线，组成了这台陆地性能超跑。

部分品牌的车标设计如图 2.33 所示。

图 2.32 布加迪 Vision Gran Vturismo

▶ 图 2.33 部分品牌的车标设计

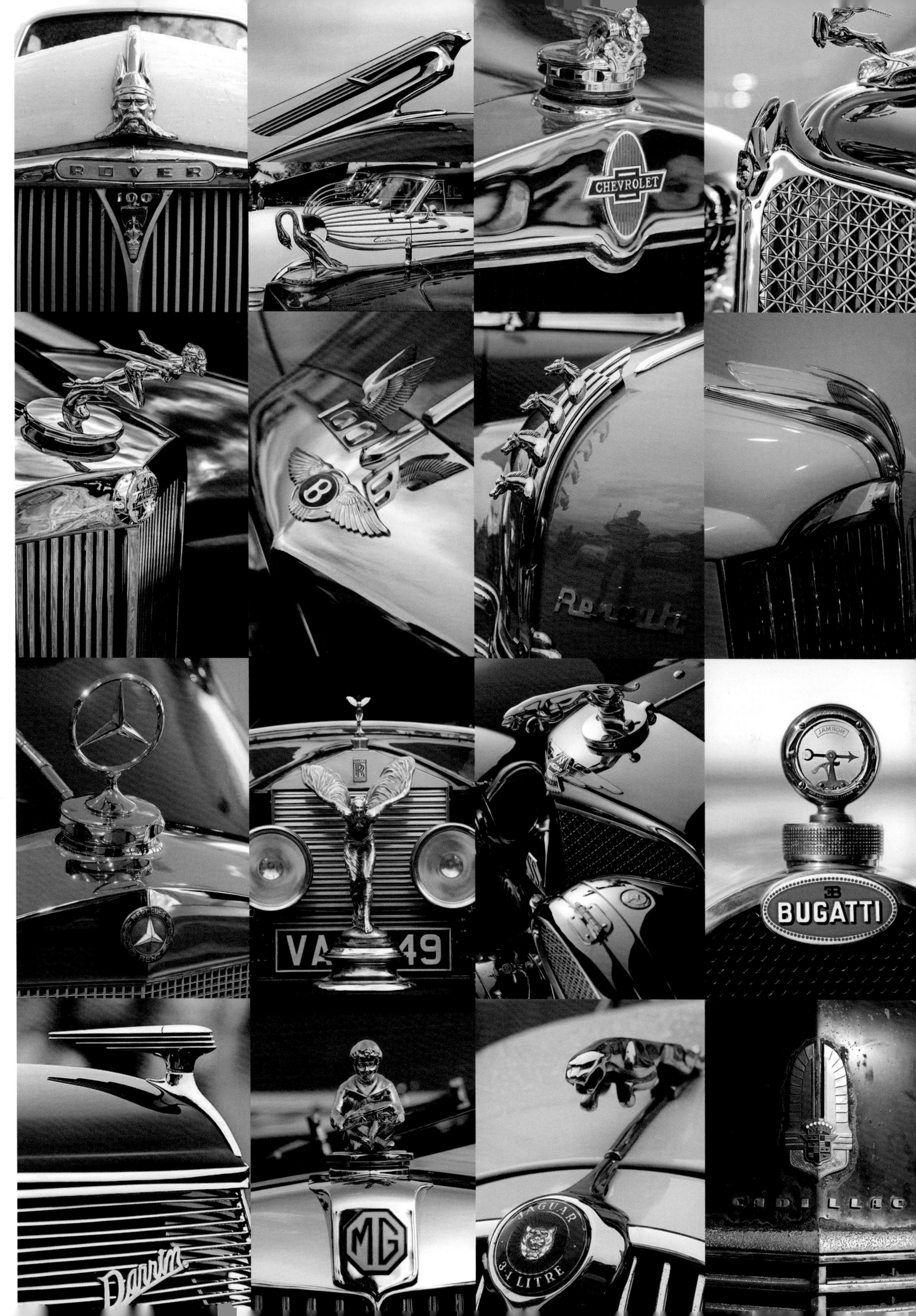
ROVER
100
CHEVROLET
Renault
BUGATTI
Darrin
MG
JAGUAR
3.4 LITRE
CADILLAC

2.3.5 汽车家族元素和表情

汽车家族元素通常是指独属于车企自己的品牌元素。它不仅仅是使用价值，更是符号价值。成功的家族元素能更好地彰显品牌基因，强化品牌意识，增强用户对品牌的识别度和认知度。但家族元素的形成并非一蹴而就，而是一场顺应时代发展的美学博弈。

汽车家族元素通常是对历史车型的传承和延续，如宝马 MINI、保时捷 911、奔驰 G500 等都是成功的例子。只有极具辨识度的家族元素，才可以让人清楚地辨别汽车的身份，即使遮住品牌或在远处也会被认出。

对于汽车家族元素的应用，不止体现在造型风格上。如今，家族元素是区别不同汽车品牌的核心因素之一，如同人的性格一样，它是汽车品牌个性的最直观体现。汽车家族元素所具备的符号价值，无形中成为品牌 LOGO 的延伸，并且让品牌的性格更加鲜活地展现出来(图 2.34 至图 2.38)。

图 2.34 历代大众高尔夫

图 2.35 历代宝马 5 系

图 2.36　保时捷 911 正 45° 视图

图 2.37　保时捷 911 侧视图

图 2.38　保时捷 911 尾部视图

每一辆汽车都有自己的个性，同时也拥有自己的表情。在汽车设计时，通常会运用到拟人法，为汽车注入人类的特征，可以从情感上极大地提升汽车的吸引力。当汽车前围的格栅、大灯、保险杠等部件被巧妙地组合在一起时，它们往往会形成一张极具辨识度的“脸”。在如今的汽车设计行业中，通常用“前脸”这个词来形容汽车前围的种种造型特征，以及可辨识的视觉形象(图2.39)。与人类的脸部一样，汽车的前脸可以强烈地传递情感与个性，或睿智，或可爱，或庄重，或霸气，或忠厚，或犀利（图2.40至图2.45)。对于消费者来说，可以把汽车当作一种自我表达的方式，汽车的品牌、调性及表情都是影响他们选择的至关重要的因素。消费者可以通过造型设计筛选他们中意的产品，只有当设计传递的情绪与消费者审美认知产生共振时，设计的价值才会最大限度地凸显出来。所以，气质相投的用户和产品最终才会走到一起。

图2.39 历代宝马5系的前脸

图 2.40 奥迪 RS e-tron GT 的前脸

图 2.41 大众 Beetle 的前脸

图 2.42 劳斯莱斯幻影的前脸

图 2.43 宝马 7-series 的前脸

图 2.44 大众 Atlas 的前脸

图 2.45 雷克萨斯 Lc Wconvertible 的前脸

2.4 内饰设计基本方法和原则

2.4.1 汽车内饰设计的 3 个阶段

1. 设计意向（灵感）

在内饰设计之前，设计师将收到来自市场部门、产品企划部门及设计部门的很多信息，如车型、级别、成员数量、尺寸、人群定位、竞争车型、技术功能、市场反馈和价格预算等信息。庞大的信息经过设计师的分析和消化之后，在其脑海中会呈现一个大致的调性。通常，设计师会通过收集相关调性的元素对创作灵感进行激发，然后通过一些素材将脑海中的抽象形象进行大概的物化，就好像作曲家在创作音乐时对稍纵即逝的旋律进行快速捕捉和记录一样。例如，我们的定位人群是时尚文艺女性，那么闭上双眼后大脑中会呈现出类似场景，就可以用一些感觉接近的意向图去归纳、固化和升华灵感（图 2.46）。这种方式除了方便记录以外，还可以对沟通交流起到积极的促进作用。

图 2.46 设计意向

2. 设计理念（故事和体验）

设计意向可以明确一个内饰设计概念的大致方向，但这个阶段的方案还不够具体，需要进一步三维立体地通过故事、情感和用户体验等去完善方案。每一个汽车品牌都有不同的品牌调性，如奥迪的“突破科技，启迪未来”，以及奔驰的“心所向，驰以恒”，都展现出了不同的定位与追求。

例如，奔驰全新 S-Class（图 2.47）的设计灵感来自豪华的游艇舱室（图 2.48），大面积木饰板和棕色皮质相当尊贵，全新的菱形格座椅带有座椅按摩、前排座椅耳畔音响、后排座椅头枕加热等功能。这款车的座椅和方向盘均支持自动调节，用户可在 MBUX 智能人机交互系统中输入身高，车辆能自动计算最优驾驶位置，并对座椅、方向盘及后视镜进行自动调节。

图 2.47　奔驰全新 S-Class 的内饰

雷克萨斯 LC500 的内饰（图 2.49）极具舒适豪华感，设计师的想法是“把大海装进车里”，门板处的流线设计好比沙滩，并采用 Alcantara 可循环材料。座椅的包裹性也非常符合人体工程学，从肩部到背部腰部都紧密贴合身体，能提供良好的支撑性。

另外，可以从用户体验、痒点、痛点、机会点和市场空白点等方面切入，讲述一个能够引起受众共鸣的故事。例如，用户是一位热爱生活、轻奢个性、24～30 岁的单身女性，养有一只宠物，那么我们可以设计一个产品故事去打动该用户。

图 2.48　豪华的游艇舱室

图 2.49 雷克萨斯 LC500 的内饰

图 2.50 传祺 GS8 的外形

图 2.51 传祺 GS8 的中控

3. 设计语言（元素）

设计意向明确了整个设计大的方向和调性，设计理念融入故事与情感，使得设计变得有血有肉，并确立了线面和线性的大体风格和造型主特征。而设计元素则是将上述内容具体化的手段，是它们的载体和升华。设计语言与前两者的延续关系主要体现在，假如我们先前讲述的故事与绅士气度有关，而在设计元素中体现出的却是硬汉风，那么这样就违背了设计初衷。我们在多年的设计教学中发现，这是在学习内饰设计期间经常容易犯错的地方。

另外，内外饰的设计风格衔接呼应也应被重视，如设计主题与造型语言的一致与和谐、一些形态由外而内的流动和穿插。不过，根据设计定位，内外饰风格不同的设计也是有的，如传祺 GS8 的威猛磅礴外观之下，却包含一个温文尔雅暖男般的内饰。这在某种程度上映射出企业对于消费者的研究也在不断内化，消费者可能会更加认同“外饰是给人看的，内饰才是自己用的”观点，从而对汽车的内外饰设计产生影响（图 2.50、图 2.51）。

2.4.2　汽车内饰换代前后方向对比

奔驰一直以豪华车标杆般的形象屹立于汽车行业，它大气而庄严的外观和奢华舒适的车内设计早已深入人心。

如图 2.52 所示，这款奔驰 S 级的内饰，依然是业界的标杆，圆形的空调出风口在相当长一段时间引领着流行趋势，两个横置的大屏幕也被很多汽车厂商效仿。优雅大气是奔驰 S 级非常重要的标签。

奔驰在每个时代都有自己的特点，也有重新定义豪华的优势，相比于图 2.52 中奔驰 S 级稳重大气的设计风格，图 2.53 中新一代奔驰 S 级则表现出极致的科技感，通过精致化调试的中控屏将奔驰 S 级的产品定位转化，散发着时代科技感。极致的科技表现就是下一代奔驰 S 级所要诠释的豪华。

图 2.52　奔驰 S-Class 2018 款

图 2.53　奔驰 S-Class 2021 款

2.4.3 内饰设计的发展趋势

在Package趋同的时代，内饰设计造型语言的独特性和外饰设计同样重要，是决定品牌形象的命脉。奔驰的内饰设计从2009年开始腾飞，在全球范围内取得巨大成功，很大程度上就源于此。

内饰设计在未来，会更多地向传统内饰造型设计加入UX（用户体验设计）的方向转变，成为一个新型的，涵盖Packaging、造型、UI、UX，色彩与配色多角度、多维度的体验设计。内饰设计、UX和色彩搭配可能会在传统意义的汽车设计上升华，而Packaging是改变这些的根本方法(图2.54)。

2.5 汽车CMF设计

在现代汽车设计体系中，关于色彩的“情调”已有一套相当成熟的理论，如MINI COOPER的色彩设计可谓登峰造极，如图2.55所示。

图2.55 MINI COOPER汽车的色彩设计

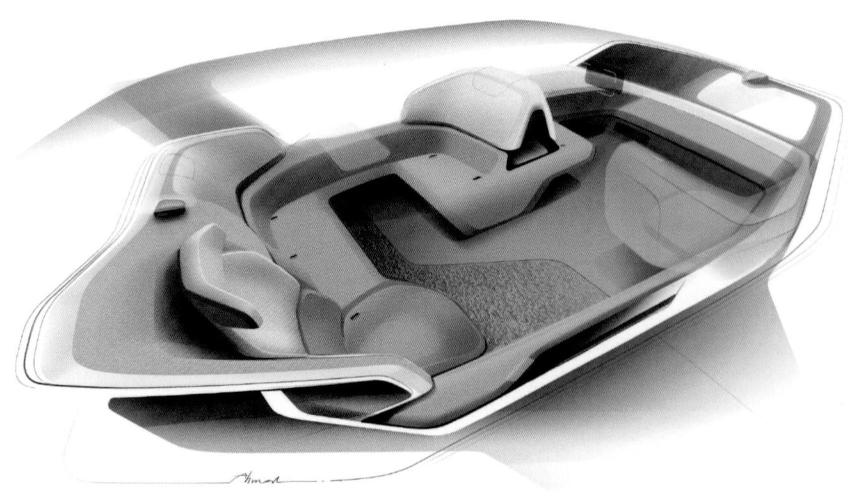

图2.54 内饰设计

人们看一辆车，首先看到的就是它的颜色，不同的人会因为各种因素而对相同的颜色有不同的反映，甚至可以根据汽车的颜色来判断驾驶者的性格特点。学习汽车设计，除了要具备合理的构思和发散的想象以外，还要掌握汽车色彩的国际化趋势，了解不同国家、地区和人群对颜色的喜好和忌讳，以及时下流行的颜色，这些都很重要。

2.5.1 汽车的外饰色彩

据调查，人们在购车时，如果自己想要的车型恰好没有喜欢的颜色，大约只有 40% 的人会忍痛割爱，选择其他品牌。可见，车漆颜色在人们购车时也同样具有重要的作用。不过，随着汽车贴膜技术的发展，人们在买车时不会像过去那样难以取舍，但这仍然反映出人们对汽车色彩的重视程度。所以，有哪些因素会影响车身颜色的设计？怎样从消费者的角度去理解汽车的颜色？

不久前，五菱与世界权威色彩研究机构 PANTONE UNIVERSE（彩通）推出了 3 款春夏马卡龙色车，发布的新车型还有着一个非常可爱的名字——“宏光 MINI EV 马卡龙”。新车在外观、内饰及配置上均有所升级。在颜色上，五菱与彩通联合发布了五菱春色——柠檬黄、牛油果绿、白桃粉，并率先运用在图 2.56 所示的这 3 款萌萌的车型上。柠檬黄透露出活泼欢快的感觉，清醒亮丽；牛油果绿携带着春日万物复苏的灵动，清新高雅；白桃粉散发着天真烂漫的气息，温柔平和。五菱大胆突破传统汽车经典配色，顺应当下潮流美学，重新定义了汽车新时尚。根据数据显示，“五菱宏光 MINI EV 马卡龙”系列的车主 72% 是“90 后”，而且女性车主比例超过了 60%，这些女

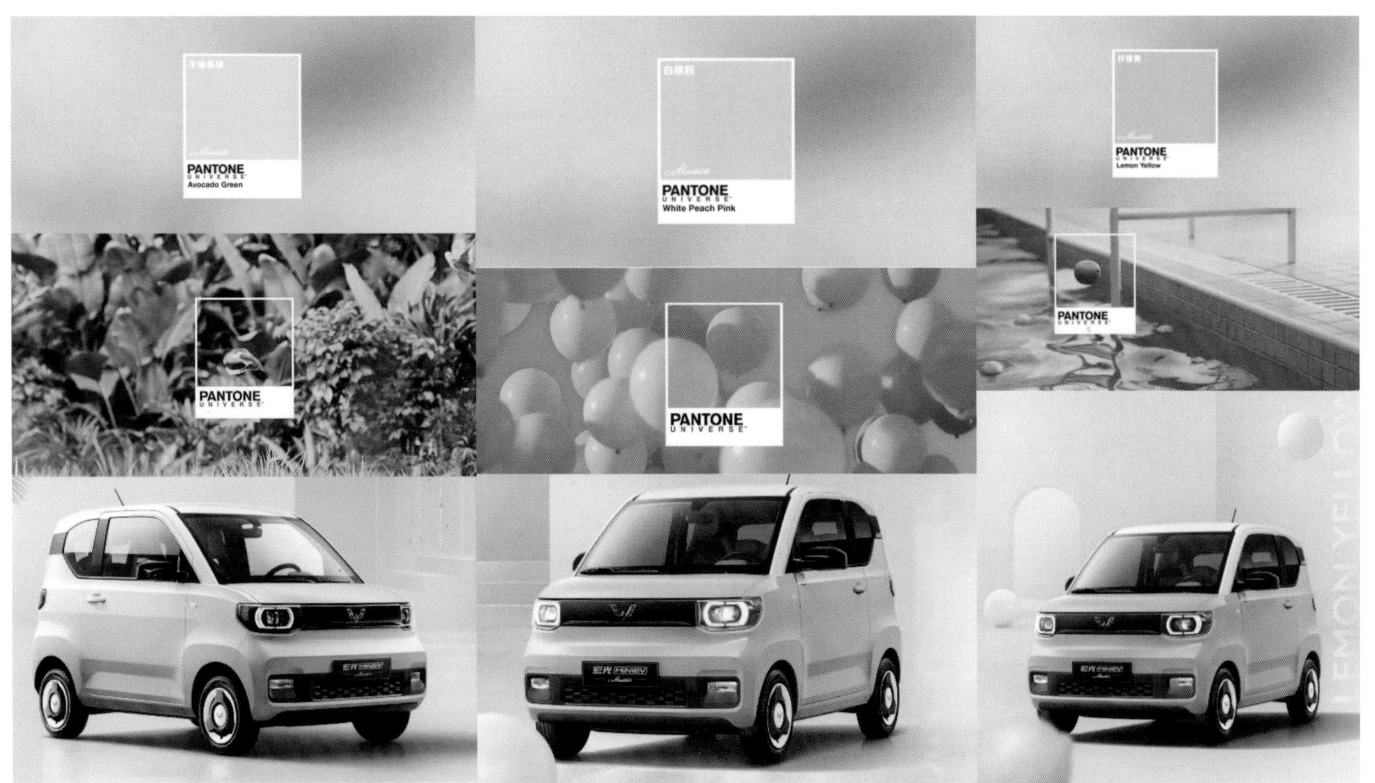

图 2.56 “五菱宏光 MINI EV 马卡龙”系列

性用户甚至被称为“五菱少女”。

近年来，潮创文化也深受当下年轻人的喜爱，年轻人已经不满足于原车的外观，时尚潮改成为他们的新追求。“宏光 MINI EV 马卡龙”系列凭借车身 80% 的可潮创面积成为全国潮创率最高的新能源汽车，也成为自主品牌色彩设计的典型成功案例。

1. 不同国家在色彩观念上的差异

例如，在一些国家的国旗中，红色所代表的含义各不相同。在日本红色象征太阳，在法国红色象征博爱，在葡萄牙红色则象征着战争中所洒下的热血；而在中国，红色具有赤诚之意，同时又象征幸福和喜庆。

2. 不同宗教信仰在色彩观念上的差异

例如，在信仰佛教的国家（地区），黄色代表神圣。黄色也曾被尊为中国古代帝王色和古罗马帝王色。但在信奉基督教的国家（地区），黄色被视为叛徒犹大的衣着颜色，带有卑鄙和羞辱的意味。

3. 不同地域在色彩观念上的差异

色彩学家发现，不同区域的阳光照射强度也会影响人们对颜色的偏好。例如，以纽约为中心的大西洋海岸城市的美国人喜欢暗淡的颜色，而旧金山太平洋海岸地区的人喜欢鲜艳的颜色。意大利人喜欢黄色和红色，而北欧人更喜欢青绿色，所有青绿色都与当地的阳光偏爱有关。在北欧，阳光接近冷色调，而在南欧，阳光偏暖。所以，北欧人喜欢青绿色，南欧人喜欢黄红色。

4. 车身的颜色与交通安全有着极密切的关系

汽车的安全性不仅体现在性能和做工上，而且车身颜色所提供的可视性也不容忽视，其可见性取决于车体尺寸、光度和色彩饱和度等因素。据调查，近年来，属于无色系的灰色和白色在交通事故中所占的比例普遍低于其他有色系，这引起了有关方面的研究兴趣。

如图 2.57 所示，从 PPG 的 2020 全球色彩流行度分析的数据中可以惊讶地发现，通常认为中国人最青睐的白色、黑色也是最受全球

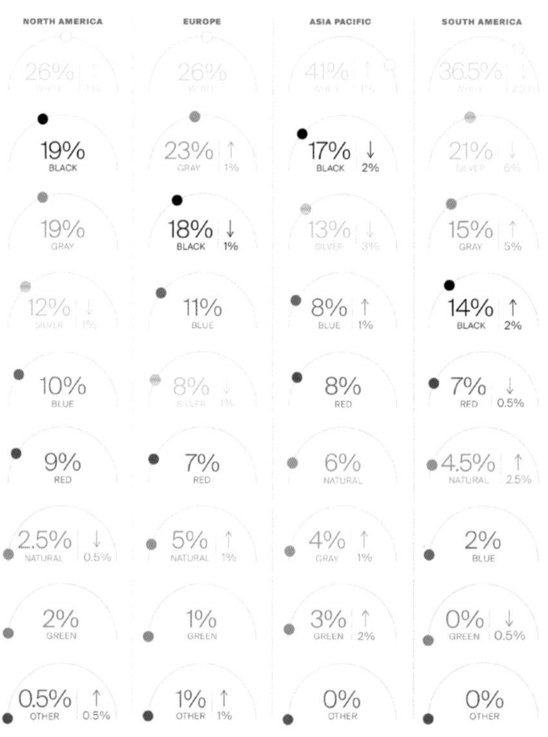

图 2.57　来自 PPG 的 2020 全球色彩流行度分析

图 2.58 由巴斯夫发布的《2020—2021 汽车色彩趋势报告—— "CODE-X" 系列》(资料来源:《汽车与配件》2020 年第 21 期)

汽车消费者欢迎的颜色。我们认为，除审美喜好以外，其中也不乏对安全等因素的考量。另外，无色系也往往代表着中性和百搭。这可能就是黑、白、灰颜色的汽车销量占据了全球汽车销量排行榜前三的缘故。

涂料公司巴斯夫发布了《2020-2021 汽车色彩趋势报告—— "CODE-X" 系列》，该报告每年由巴斯夫位于中国、美国、德国和日本设计中心的设计师共同研制（图 2.58 上）。这些设计师在深入研究未来色彩趋势的基础上，从工业发展、潮流市场、消费产品、自然环境等领域中汲取灵感，开发创新的表面效果、色彩材质和色彩定位，可为汽车设计师提供创作灵感和方向参考。全球市场主要的颜色有随心蒙绿、智选卡其和重气泡灰，而亚太市场采用多色流混的方法。个性化是亚太市场的主要趋势，这些颜色可以凸显出“活在当下、积极向上、不断改变、明天会更好”的精神面貌（图 2.58 左下）。尤其是中国市场的年轻消费者希望祖国更加强大，因此主打色为印象派蓝，在接近于白蓝色的主色调中融入红色珠光，寓意在不确定的大环境下，通过冷色调加暖色去体现人文关怀，而红色珠光也体现了中国市场对于新能源汽车的需求(图 2.58 右下)。

2.5.2 汽车的内饰 CMF 设计

汽车造型设计是整车设计开发的先导。完整的汽车造型设计实质上应包含形体设计和 CMF 设计两大部分，将造型艺术、色彩设计、材料及工艺选用、工程设计等不同专业技术在汽车产品上进行有机结合。最初在汽车行业的色彩设计师是 Color&Trim 设计师，简称“C&T”，现在逐渐融入其他行业，开始称“CMF 设计师”。“Color&Trim”的字面意思是“色彩与装饰”，设计师的责任就是使汽车的材料和颜色保持整洁和协调。

近些年来，消费者在选购汽车时除了关注汽车整车配置、外观造型以外，越来越注重内饰的舒适感和美观性。因为他们渐渐意识到，车的外观有九成时间是展示给他人的，而一直陪伴自己的却是内饰。所以，消费者开始将评价的重点向内饰倾斜，这也是为什么理性的消费者在选购汽车的时候，舒适而美观的内饰设计更能打动他们。同时，消费者对汽车内饰的材料、触感及气味也更加挑剔。可见，内饰的色彩、纹理和面料设计，零部件材料及制造工艺的合理选择，都是提高汽车舒适感和美观性的关键。因此，建立一个标准化的内饰 CMF(Color, Material & Finishing) 设计流程，可以帮助车企更有效地改善产品质量，缩短产品开发周期，降低生产成本，加强产品竞争力。

汽车 C&T 设计涉及的主要范围包括两个方面：内饰设计和外饰设计。其中，内饰设计包含色彩、纹理、织物面料、皮革、缝线、表面处理、材料、背光颜色、字符颜色等设计；外饰设计则包含车身色、纹理、灯具、轮辋、格栅效果等设计。

目前，CMF 设计师一般以女性为主，因为从心理学角度来讲，女性对于色彩的感知力更加敏锐。同时，女性对于材质的触感及情感关怀均优于男性。因此，CMF 设计师中涌现出了许多优秀的女性设计师，也使得该职业成为近些年女性汽车设计从业者的热门选择。

CMF 设计主要围绕 3 个要素进行开发，即颜色、材料和工艺。CMF 设计阶段所涉及的工作内容大致可分为 4 个方面：消费群体分析、竞争车型调研、流行趋势提炼、设计灵感来源。

1. 消费群体分析

针对消费群体的年龄、学历、收入、价值观、兴趣爱好等方面进行剖析，了解不同消费群体的差异化，精准确立产品的优势，进行更有效的品牌营销，更敏锐地捕捉潜在用户市场，迅速占领市场份额，提高市场占有率，如图 2.59 所示。

2. 竞争车型调研

通过对竞品车型 CMF 的调研分析，收集竞争车型的销售情况。对比同类型车不同年代的设计语言，分析汽车项目的 CMF 设计趋势，明确 CMF 的设计方向。

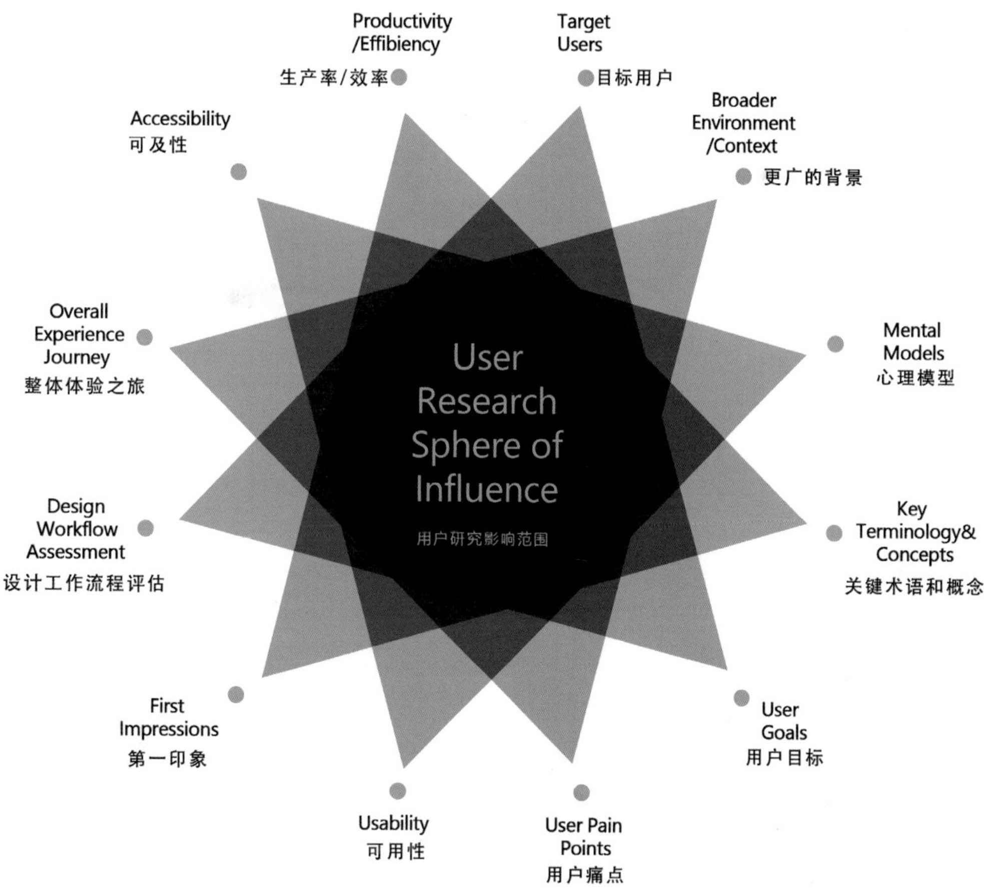

图 2.59 用户研究影响范围（资料来源：硕士研究生夏雨荷制作）

豪华品牌中级车运动版的内饰对比豪华品牌的光环，是很多人选车时难以抗拒的诱惑，更是奠定品牌普及度的重要车型。作为豪华品牌运动标杆形象存在的车型，各自品牌家族化的内饰设计是体现品牌特点的重要表现（图 2.60）。一般先通过对新材料、新工艺的收集分析，将相关零部件用材及制造工艺进行初步梳理；然后根据不同等级车型，综合产品成本要求，制订可行的 CMF 技术方案，与零部件供应商共同探讨，逐步完善技术方案，避免好的 CMF 设计创意被束之高阁而成为空中楼阁。另外，可将手机、家电等 3C 数码产品上采用的纹理及亚光效果运用到汽车内饰上，它们富有亲和力，能够减少乘员的视觉负担（图 2.61 至图 2.63）。

图 2.60 内饰家族化特征（资料来源：硕士研究生夏雨荷制作）

图 2.61 英菲尼迪 Q Inspiration Concept

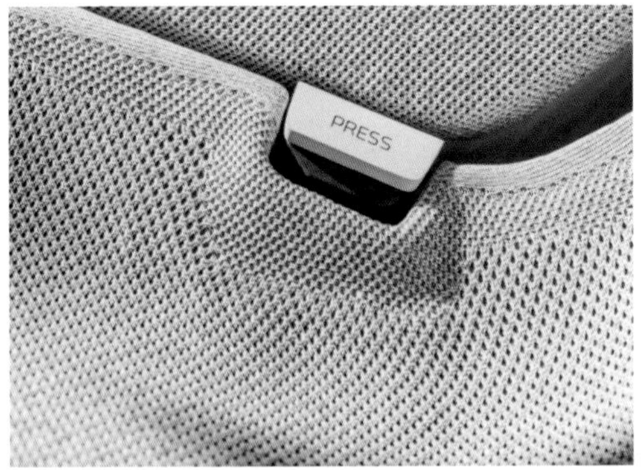

图 2.62 标志 Instinct Concept

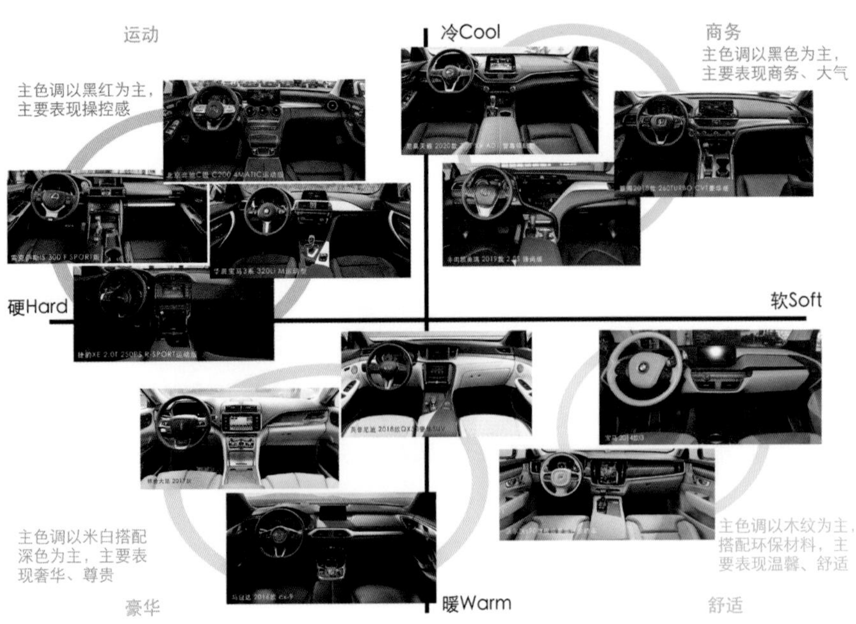

图 2.63 色调与内饰风格的关系（资料来源：硕士研究生夏雨荷制作）

3. 流行趋势提炼

市场是瞬息万变的，只有深入了解消费者群体的想法，并在 CMF 设计中融入最新的流行趋势，以符合消费者群体的购买欲望，才能让产品常青不衰。

粉色也许是表达无性别的最佳颜色，如苹果推出玫瑰金色手机之后，越来越多的男性消费者选择了这种颜色。不仅仅是智能手机，在汽车内饰和时尚配件等行业，也被“粉红色浪潮”横扫，如图 2.64、图 2.65 所示。

图 2.64　色彩流行趋势提炼 (1)

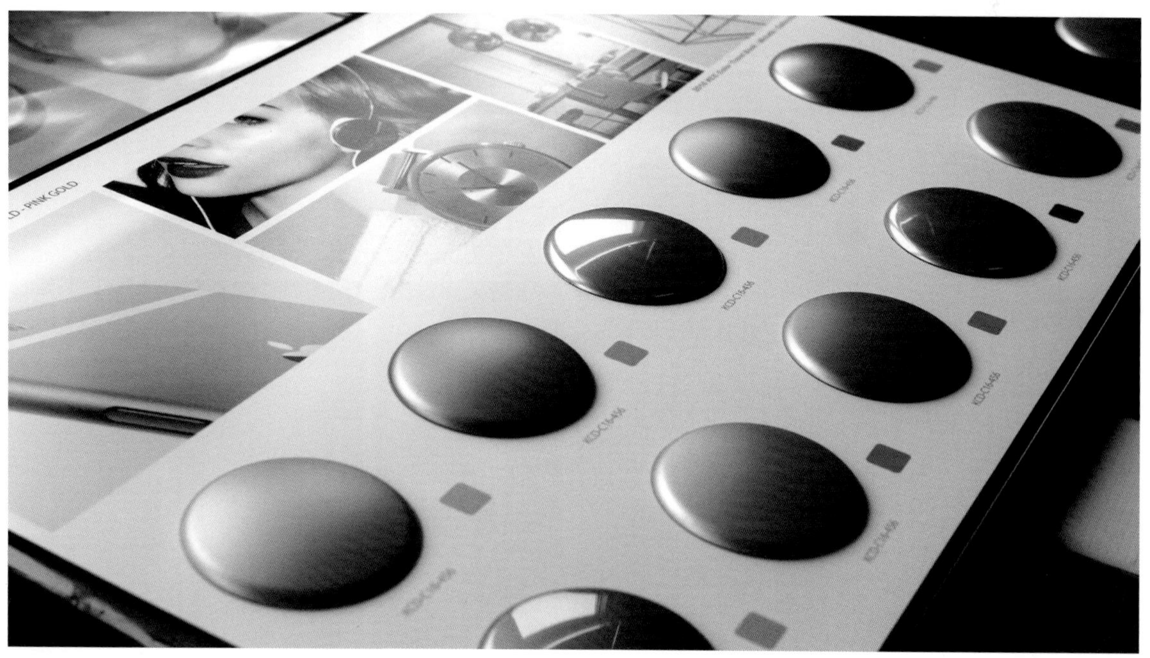

图 2.65　色彩流行趋势 2016 KCC Corporation (1)

图 2.66 色彩流行趋势提炼 (2)

图 2.67 色彩流行趋势 2016 KCC Corporation (2)

图 2.68 色彩流行趋势 2016 KCC Corporation (3)

黄金确实是优雅的完美缩影，同时有着富贵、权力、胜利的象征意义。在特定位置而不是在整个产品上使用黄金，主要是为了最大化地营造颜色的豪华典雅氛围，同时表达产品的装饰效果，增强奢华感，如图 2.66 所示。

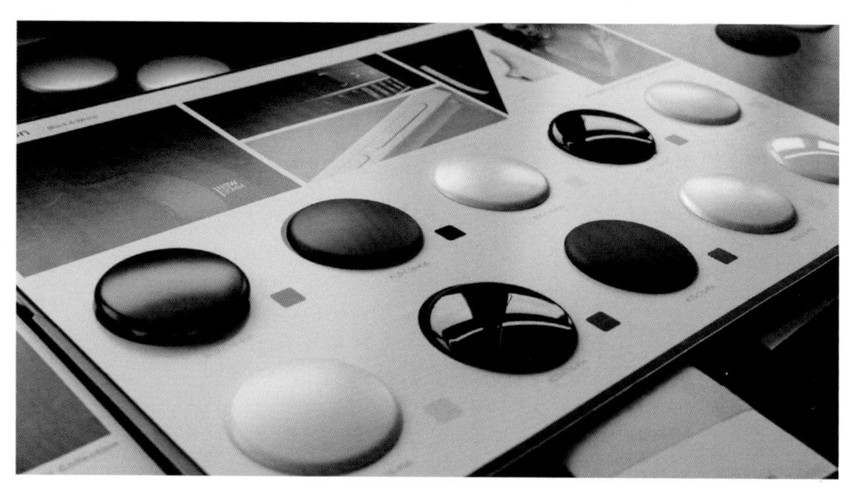

黑色与白色是最基本的颜色，也是在所有行业中使用最频繁的颜色，因为它们提供了平静的氛围，并表现出比任何其他颜色更好的现代简约意象，如图 2.67 所示。

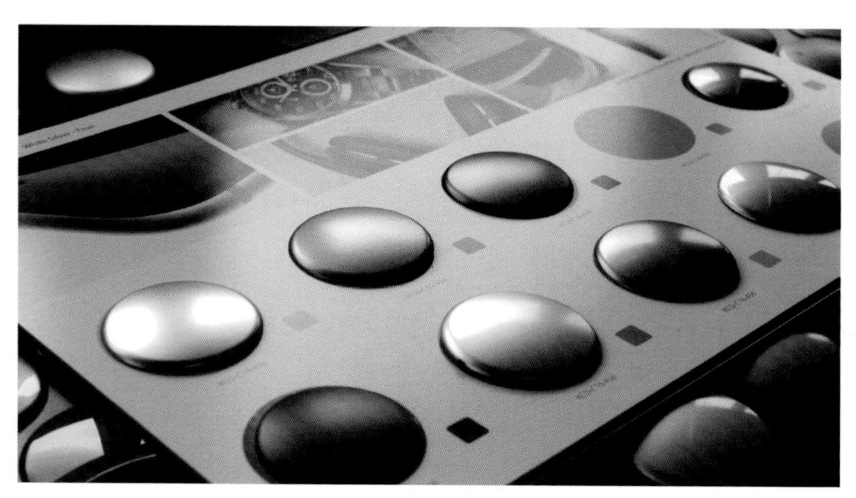

灰色正在时尚市场中崭露头角，但它可能会显得暗淡无光，通常会与深色、银色物品或闪亮配饰搭配以增强效果，提升现代、冷酷的都市感，一般电子和汽车市场惯用金属外观和钛金属色来提升质感，如图 2.68 所示。

自 2000 年起，彩通每年都会挑选一款颜色来代表时代精神。而这种颜色，在接下来一年里，也将被广泛应用于工业设计、家居设计和平面设计等领域（图 2.69）。

图 2.69　彩通年度色（资料来源：硕士研究生夏雨荷绘制）

图 2.70　大众 I.D.Vizzion

图 2.71　小鹏 G3

一提到红色，我们都会想到扎眼的法拉利红。除此之外，还有马自达标志性的魂动红。作为汽车外形的颜色，红色在合适的弧面和光影下具有极佳的表现力，给人以运动、激情的印象。但是，我们发现新能源汽车也开始采用红色作为主配色，如大众 I.D.Vizzion 和小鹏 G3 等（图 2.70、图 2.71）。

这些车型上的红色往往更偏粉，明度更高，一方面继承了红色本身的运动特征，表现出电动车的性能感，另一方面能更好地迎合年轻一代消费者特别是女性群体的喜好。

彩通 2019 年度色：Living Coral（珊瑚红）（图 2.72）。该颜色是一种以金色为底色的橘色调，来自深海的珊瑚礁，富有活力与亲和性，象征着人们天生需要乐观和快乐的追求，体现了人们对幽默表达的渴望。该颜色在诸如缝线、车身饰条、轮毂点缀等内外饰装饰件上将得到广泛的运用。

图 2.72　彩通 2019 年度色：Living Coral（珊瑚红）（资料来源：硕士研究生夏雨荷绘制）

彩通2020年度色：Classic Blue（经典蓝）（图2.73）。经典蓝的色彩沉稳耐看，隽永优雅，仿佛暮色四合时的天空，宁神静心，让人驻足，是一种稳固可靠的色彩，给人确信感，抚慰着每一个期待稳定者的心灵。

色彩明艳的Petrol Blue（石油蓝）是代表运动性能的经典颜色之一，在宝马车型上得到了广泛的应用，如图2.74所示。而进入新能源时代，蓝色的使用会呈现出低饱和度的趋势，并在豪华车型上更能得到彰显。

图2.73　彩通2020年度色：Classic Blue（经典蓝）（资料来源：硕士研究生夏雨荷绘制）

图2.74　宝马M8 Concept

我们可以看到，在宝马M8 Concept和奔驰Maybach 6 Cabriolet上使用了颜色更深邃并具备深浅度变化的Midnight Blue（午夜蓝）（图2.75）。在没有阳光的情况下，车身呈现的视觉效果是黑色，而在光影效果下，则慢慢呈现出蓝色，在富于变化的同时也体现出车型本身奢华的特质。

图2.75　奔驰 Maybach 6 Cabriolet

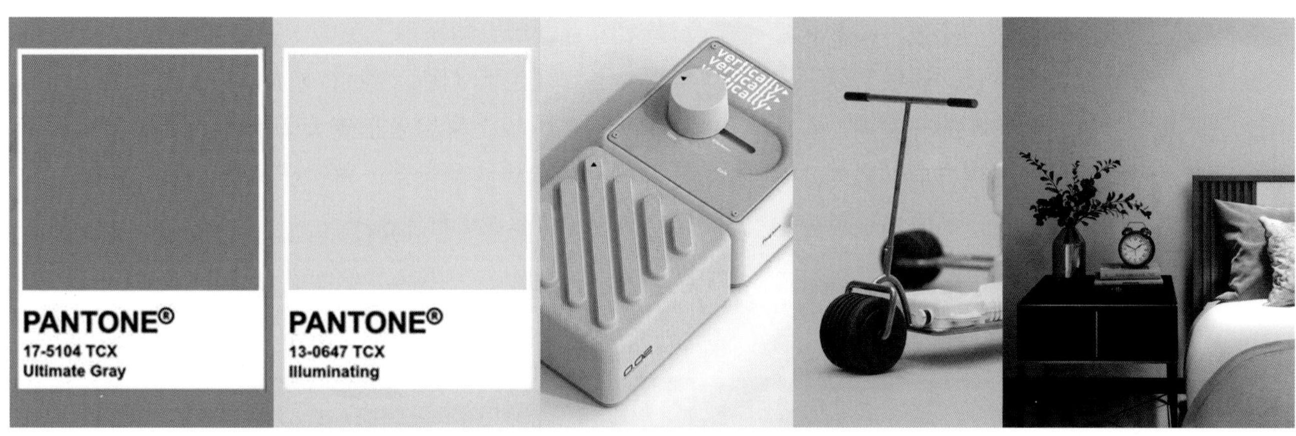

图 2.76　彩通 2021 年度色：极致灰与亮丽黄（资料来源：硕士研究生夏雨荷绘制）

彩通 2021 年度色：极致灰与亮丽黄（图 2.76）。极致灰象征的是稳定又可靠的素质，沙滩上的石子色彩，就是大自然最基本的元素。亮丽黄，温暖如太阳能量的暖黄，这种热情洋溢又带着积极大胆意味的色调，满足了人们对生命力的追求。

持久耐看的极致灰与生动活泼的亮丽黄，这组色彩实用又稳固，联合表达出坚韧的正向态度，既温暖又乐观，为人们带来韧性与希望，人们需要感受到鼓舞与振奋，这是人类心灵的基本要素。

使用单一色彩可以更强烈地传达出一种信息，因为没有其他配色分散注意力，所有的焦点都会集中在主色上。黄色是一种符合大众审美的原色，给人积极乐观的印象。黄色着重色在黑色映衬下显得格外耀眼。虽然这类色调是众多定制选项之一，但这种黄色色调的目标受众人群是年轻消费者。黄色具有普适性的吸引力，而且能根据需要进行调整，如用在雷诺电动概念车 Morphoz 上鲜亮的明黄色（图 2.77）和用在柯尼塞格 Gemera 2021 上的硫黄色（图 2.78），都呈现出一种高级的质感。

图 2.77　雷诺电动概念车 Morphoz

图 2.78　柯尼塞格 Gemera 2021

汽车内饰设计注重造型面的变化，参数化建模的优点在于数模更新方便，质量更佳，建模效率更高，可以缩短零件的开发期，因此成为近年来内饰设计的主流方向。另外，将品牌诞生国的文化元素应用到内饰设计中也是一个重要的趋势。例如，路虎揽胜星脉的座椅和软包覆部分均采用了英国米字旗纹理，以致敬品牌诞生地（图 2.79）；红旗 L5 则在挡把区域的饰板上采用了福建大师雕琢的沈氏大漆来替代传统的桃木，营造出具有中国传统气息的豪华感（图 2.80）。

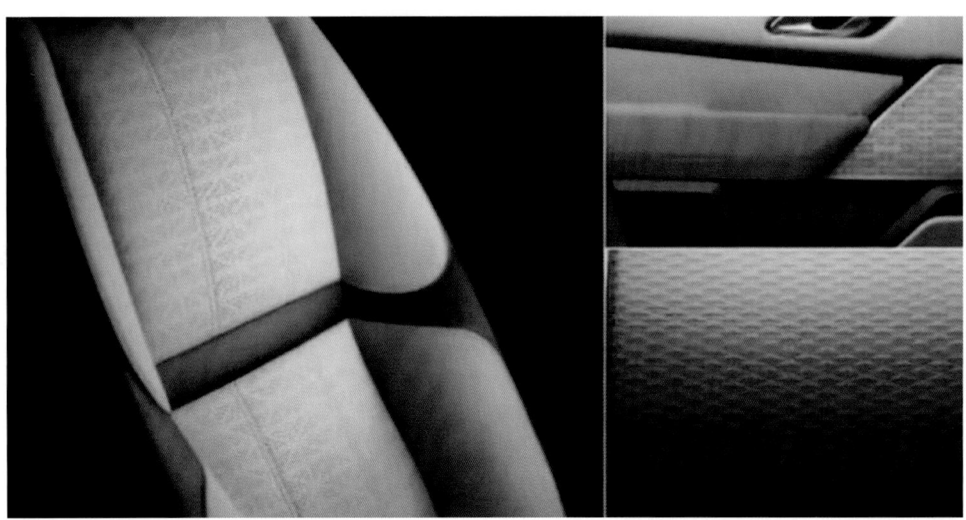

图 2.79　路虎揽胜星脉的座椅和软包覆部分

图 2.80　红旗 L5 的挡把区域

4. 设计灵感来源

灵感是保证产品持续性创新力和生命力的关键，人们无时无刻不在受自然、环境、建筑、服装、家电等的影响。我们可通过对生活的发掘与思考，从中汲取新鲜灵感，将新的图案、新的颜色、新的创意，融入 CMF 设计。

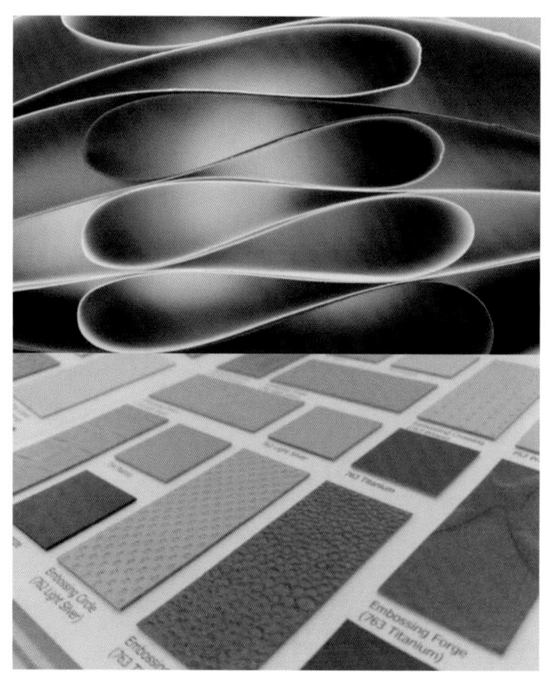

图 2.81　设计跨界元素

跨界设计元素成为内饰灵感的来源，跳出了传统汽车内饰设计的限制，服装、3C、家居、传统文化等跨界元素正成为内饰材质和风格设计中重要的灵感来源。结合各种各样的工艺，CMF 设计师能打造出汽车更加趣味和富有新意的一面。

例如，包袋上所采用的皮革纹理样式配合滚压工艺，可以为汽车座椅带来更加时尚的感受，如图 2.81 所示。

又如，球鞋上的橡胶和网面材质结合热压和拼接工艺也能够跨界运用到座椅上，欧宝推出的 GT Experimental Concept 就采用了这一和生活用品接近的表现手法。

除了简单的金属拉丝以外，家居设计中的金属样式也可以为汽车内饰带来更丰富的层次和质感，如图 2.82 所示。

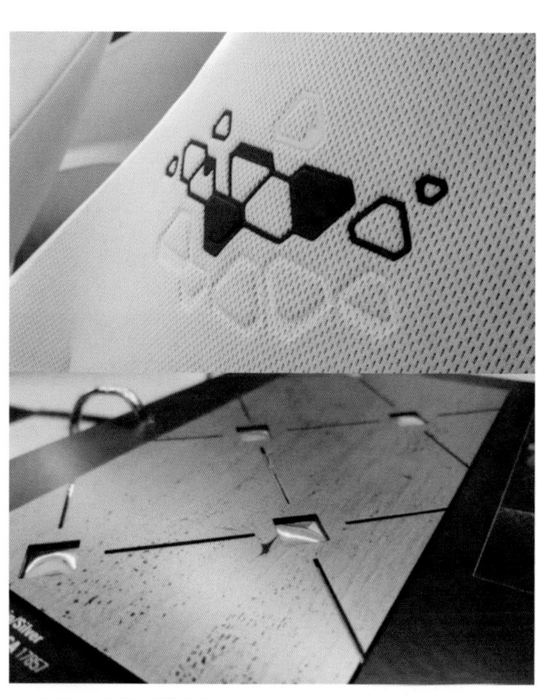
图 2.82　内饰材质应用

通过上述“量的积累”，并经过融会贯通，CMF设计师将所提炼的颜色、图案、材料及制造工艺，根据项目的实际情况，应用于产品之中，以使产品达到“质的飞跃”(图2.83至图2.85)。

LIVELY RUBY

CMF PROPOSAL 01

RETRO / TIMELESS / INTENSE

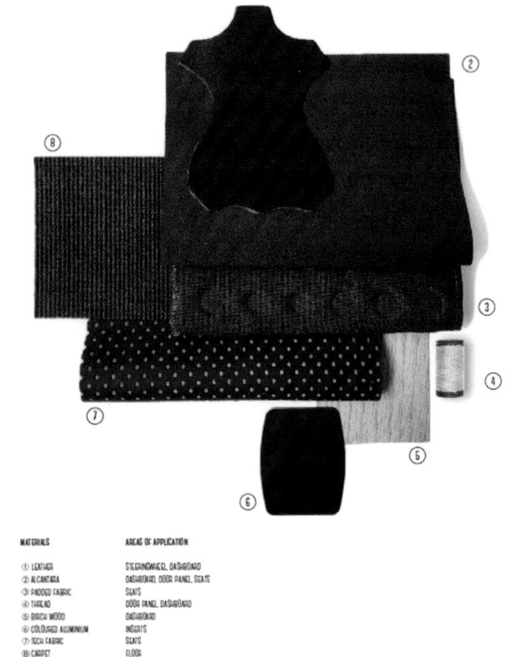

MATERIALS	AREAS OF APPLICATION
① LEATHER	STEERINGWHEEL, DASHBOARD
② ALCANTARA	DASHBOARD, DOOR PANEL, SEATS
③ PADDED FABRIC	SEATS
④ THREAD	DOOR PANEL, DASHBOARD
⑤ BIRCH WOOD	DASHBOARD
⑥ COLOURED ALUMINIUM	INSERTS
⑦ TECH FABRIC	SEATS
⑧ CARPET	FLOOR

LIVELY RUBY

CMF APPLICATION 01

RETRO / TIMELESS / INTENSE

PANTONE 1817 C　PANTONE 4975 C　PANTONE BLACK C　PANTONE 447 C　PANTONE 7528 C　PANTONE 877 C

图2.83　汽车内饰和装饰(1)

DYNAMIC PLEASURE

CMF PROPOSAL .02

URBAN / SMART / ENERGIC

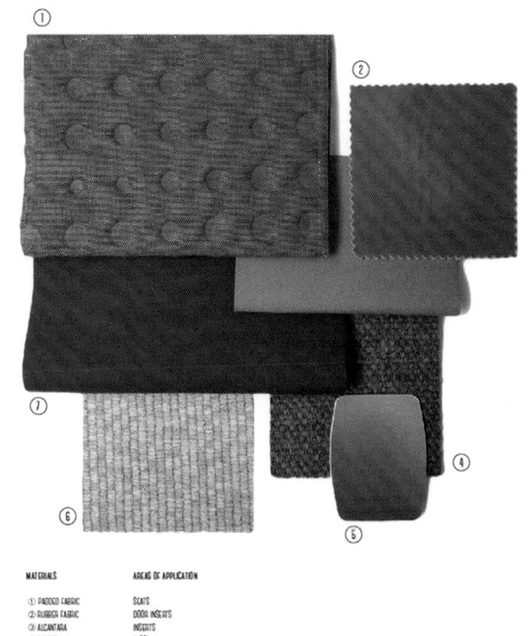

MATERIALS	AREAS OF APPLICATION
① PADDED FABRIC	SEATS
② RUBBER FABRIC	DOOR INSERTS
③ ALCANTARA	INSERTS
④ CARPET	FLOOR
⑤ POLISHED ALUMINIUM	DASHBOARD
⑥ WOOD	INSERTS
⑦ LEATHER	DASHBOARD

DYNAMIC PLEASURE

CMF APPLLICATION .02

URBAN / SMART / ENERGIC

PANTONE 7750 C　PANTONE BLACK 2 C　PANTONE 5747 C　PANTONE CG 3 C　PANTONE CG 11 C　PANTONE 1655 C

图 2.84　汽车内饰和装饰(2)

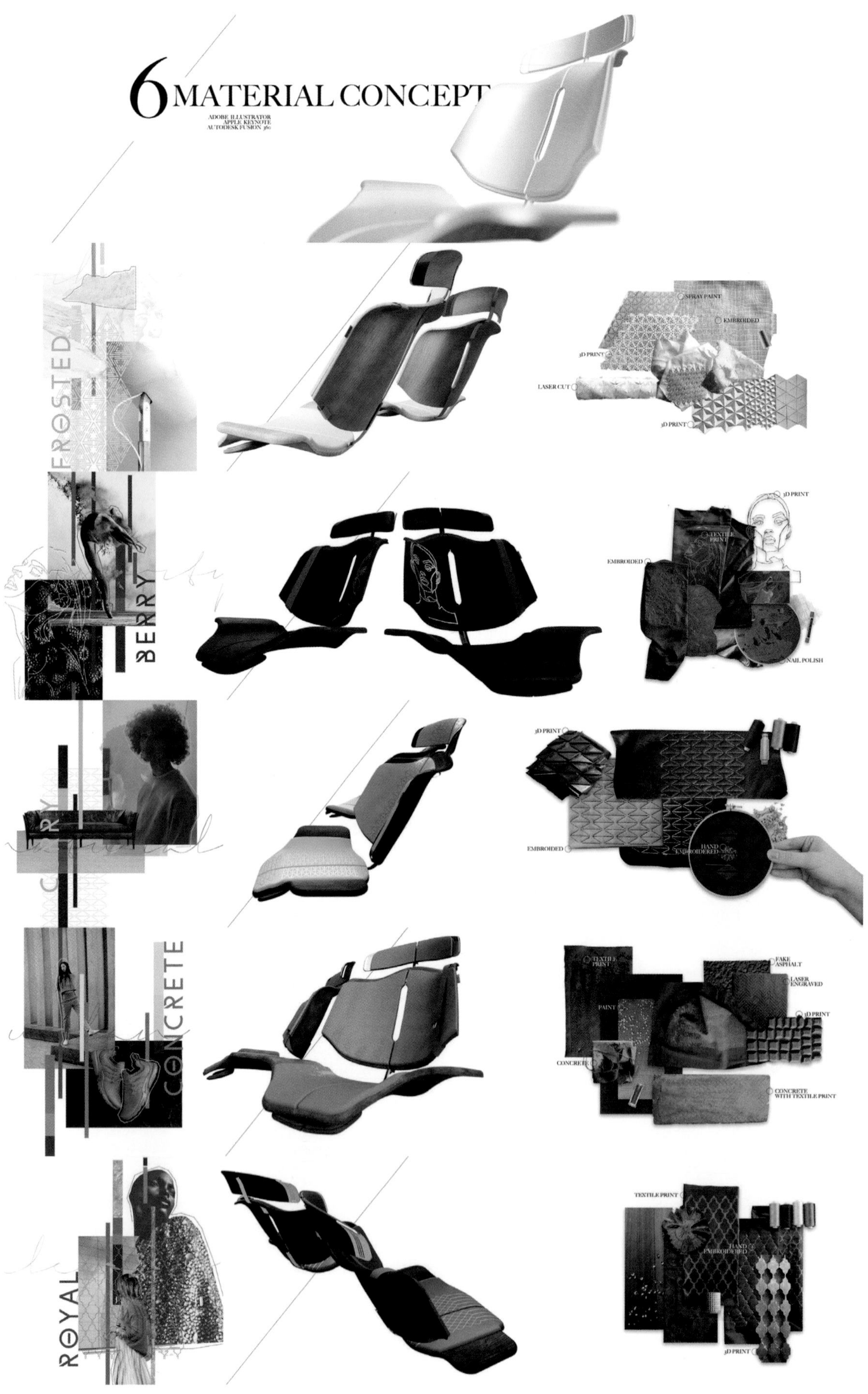

图 2.85 汽车内饰材料概念

总之，畅销产品是由多个专业、多个学科的设计师与工程师共同合作完成的。CMF 设计更应该博采众长，将颜色、材料、工艺融合在一起，经过创意、设计制作成为现实产品，才能体现出自身的真正意义。

本章思考题

(1) 影响汽车外饰造型设计的主要因素有哪些?

(2) 汽车的内饰设计与外饰设计有哪些不同?

(3) 影响车身色彩设计的主要因素有哪些?

(4) CMF 这一名称的由来及其设计流程是怎样的?

第 3 章 设计表现

本章要点

- ■ 车辆的基本属性。
- ■ 汽车设计专业术语。
- ■ 车辆的分类标准。
- ■ 车辆布局的原则。
- ■ 车辆造型的设计方法。
- ■ 与交通工具设计相关的空气动力学、机械工程学、人机工程学和市场学等信息。

本章引言

本章主要讲解汽车造型创意设计的基本理论方法，系统地介绍了汽车造型设计的基本流程和设计思维，包括车辆设计的专业术语、基本构成、布局原则、分类标准和表现技法等；同时，引导学生关注与设计本身相关的客观因素，如空气动力学、机械工程学、人机工程学和市场学等因素对设计的制约与影响。通过本章的学习，可培养学生在有限定的条件下，平衡多方因素进行设计的能力和全局设计意识。本章内容知识点多，知识性较强，是非常重要的教学和训练环节。

3.1 2D 表现技法

方案效果图一般由专业训练的汽车造型设计师按照一定的表现规律来进行绘制，用来表达汽车造型的预期效果，供管理人员、技术人员及客户观摩评审，为确定理想方案提供必要的形象依据，如汽车的形态、色彩、表面质感及光影效果等。方案效果图一般分为车身造型效果图和车身内饰效果图两种，前者主要表现出车的正面、侧面和后部三者的关系，后者主要表现仪表台、侧围板、座椅、顶篷、储物空间及其他操纵部件的造型设计。效果图的表现形式较多，如有表达设计构思和设计创意的，还有记录产品形态、结构和色彩的，等等。总之，无论采用哪种形式，都应快速、简洁、准确、清晰地表现其设计的内容和意图。同时，要在实践中不断地积累、总结，提高自己的审美修养和艺术想象力，打造自己的特色。杜绝为形式而形式的虚无表现或为追求效果而掩饰设计的重要结构和细节，这是极不严肃和不规范的。一般设计师普遍采用的效果图表现形式有单线稿、线稿单色调草图、浅稿淡彩草图、Photoshop 渲染效果图。

3.1.1 单线稿

单线稿是设计效果图中最普遍的一种，使用的工具也很简单，有铅笔、钢笔、针管笔等。它主要是以单线来表现汽车的造型特征、车身轮廓、转折、比例及投影，通过控制线条的粗细、浓淡、疏密、直线与曲线来完成所需要的表现效果。作图时要注意线型的统一性和连贯性，避免只从感觉出发而随意夸张或为表现而表现一味地追求手头技巧（图 3.1、图 3.2）。

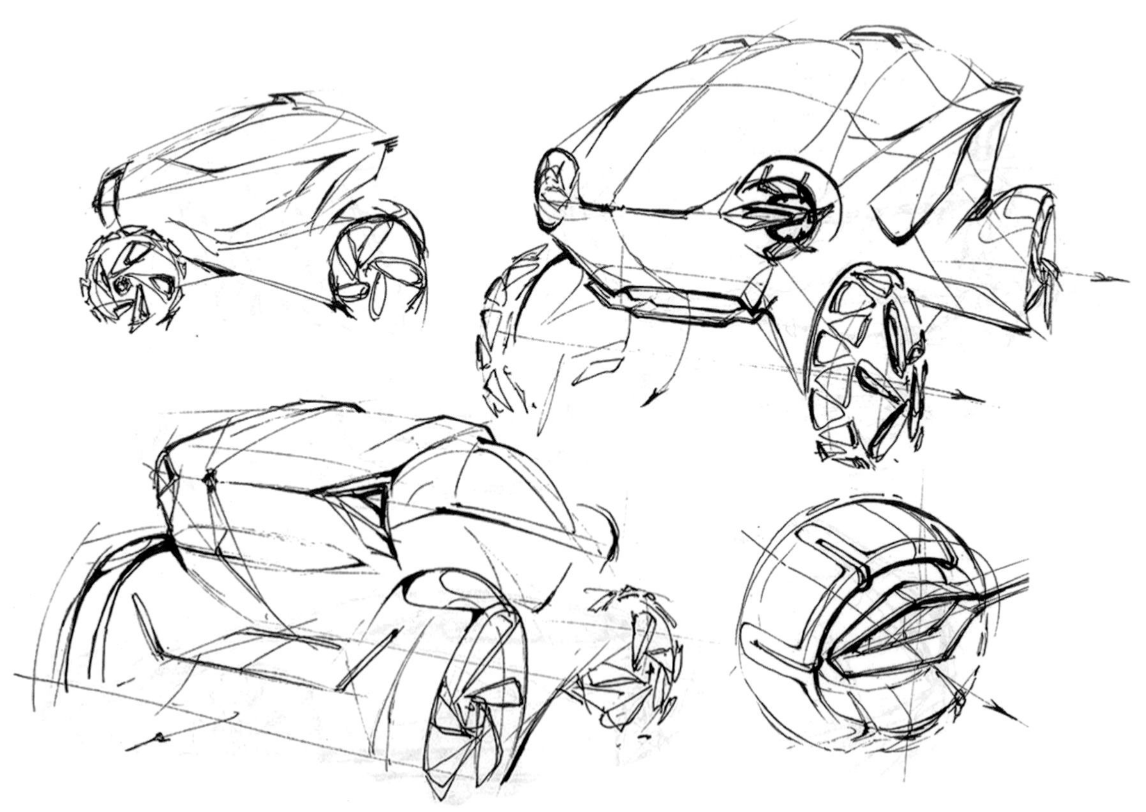

图 3.1 单线稿练习丨冯一凡，鲁迅美术学院 2014 级学生

图 3.2　单线稿练习丨董翼豪，鲁迅美术学院 2013 级学生

3.1.2　线稿单色调草图

线稿单色调草图在单线稿的基础上，增加了相同颜色的宽头笔、钩尖笔、马克笔或水彩笔等工具进行绘制。用这种画法勾线时，要考虑物体的哪些部分需要用面来表现，如形体转折、暗部、阴影及形体的过渡变化。线稿单色调草图除了能保留单线勾画的效果外，还能表现出形体的空间感和层次感，具有较强的艺术韵味，可使画面更富于变化（图 3.3 至图 3.9）。

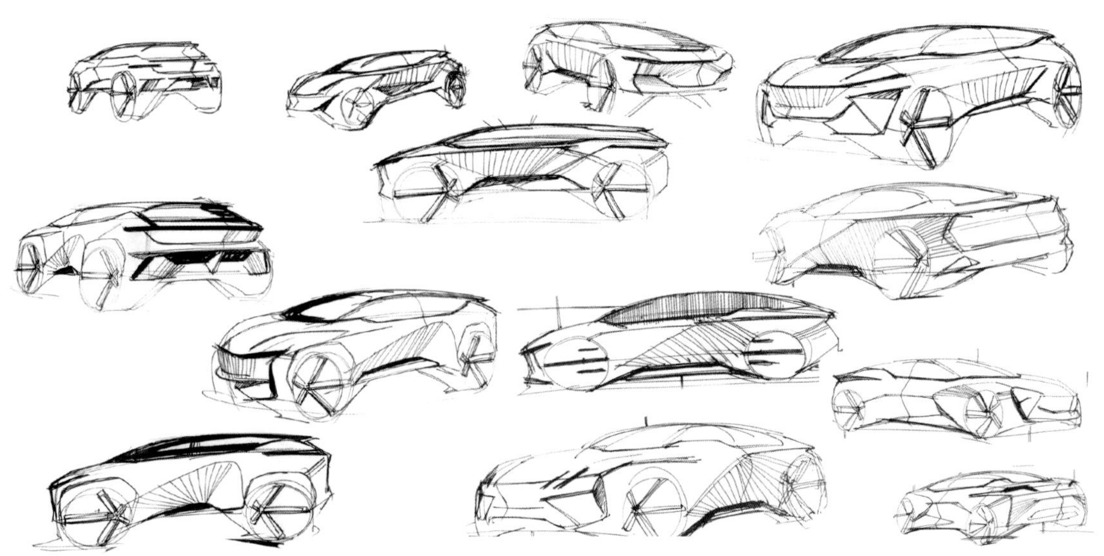

图 3.3　线稿单色调草图练习（1）丨孙博琦，鲁迅美术学院 2010 级学生

图 3.4　线稿单色调草图练习（2）｜孙博琦，鲁迅美术学院 2010 级学生

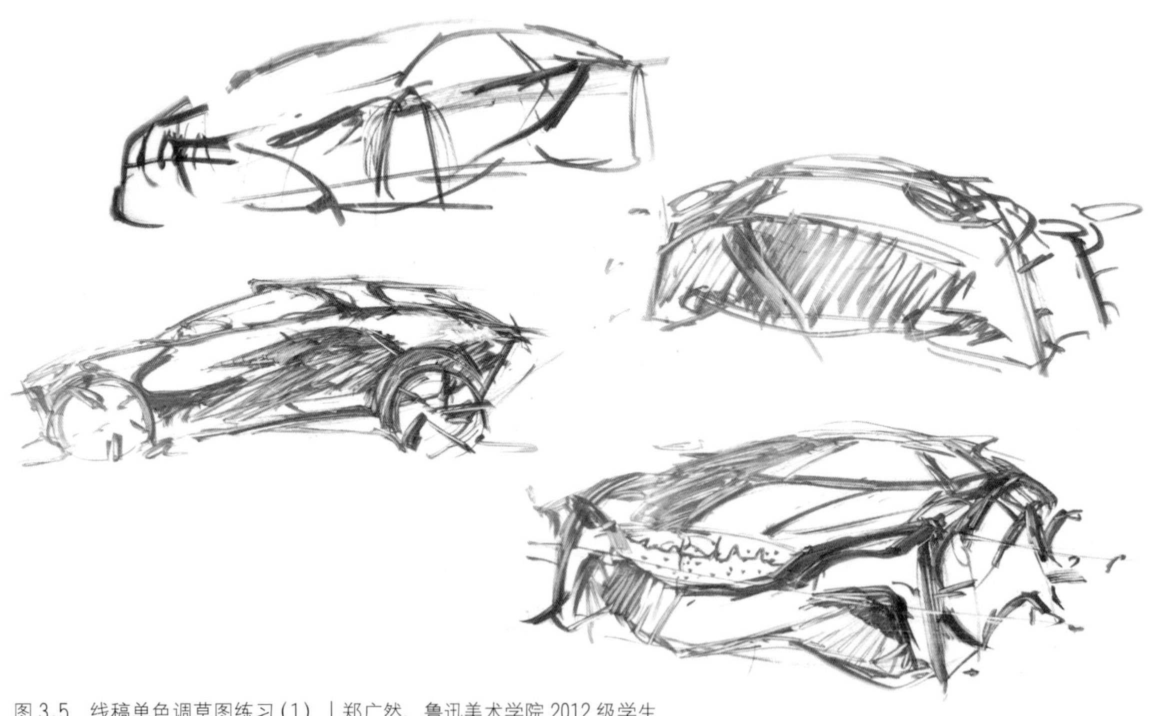

图 3.5　线稿单色调草图练习（1）｜郑广然，鲁迅美术学院 2012 级学生

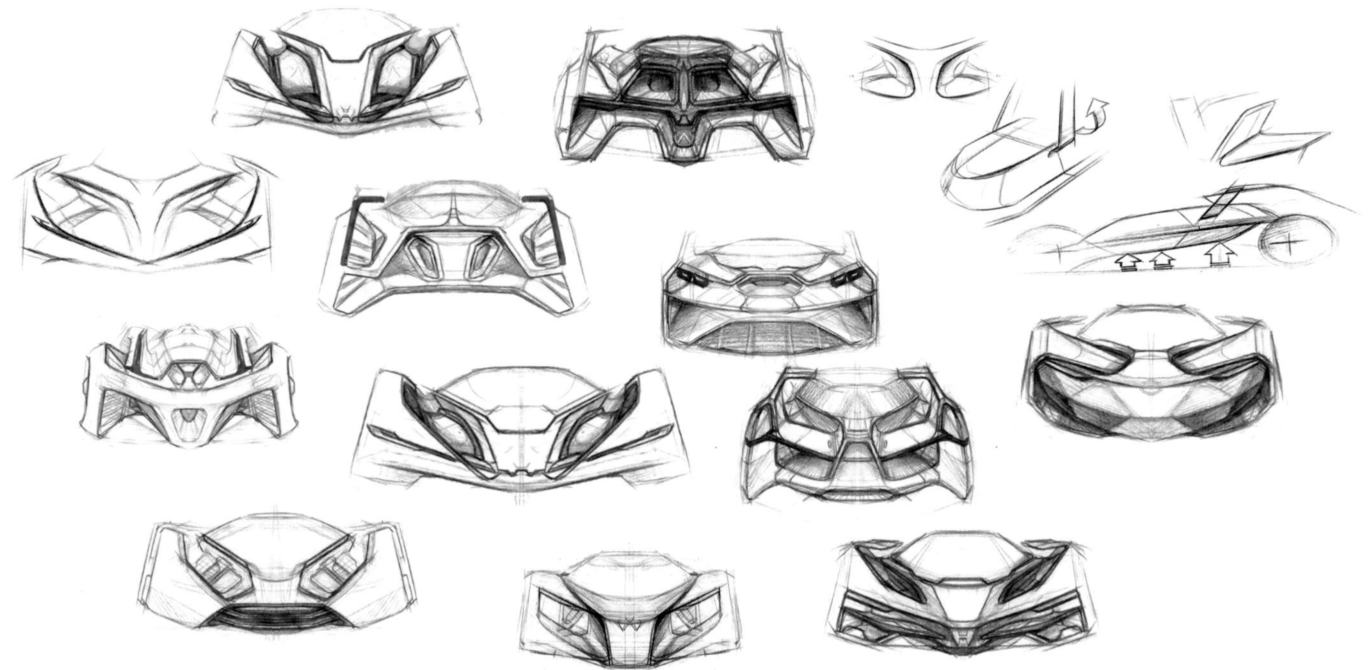

图 3.6　线稿单色调草图练习（2）| 郑广然，鲁迅美术学院 2012 级学生

图 3.7　线稿单色调草图练习 | 李佩洋，鲁迅美术学院 2013 级学生

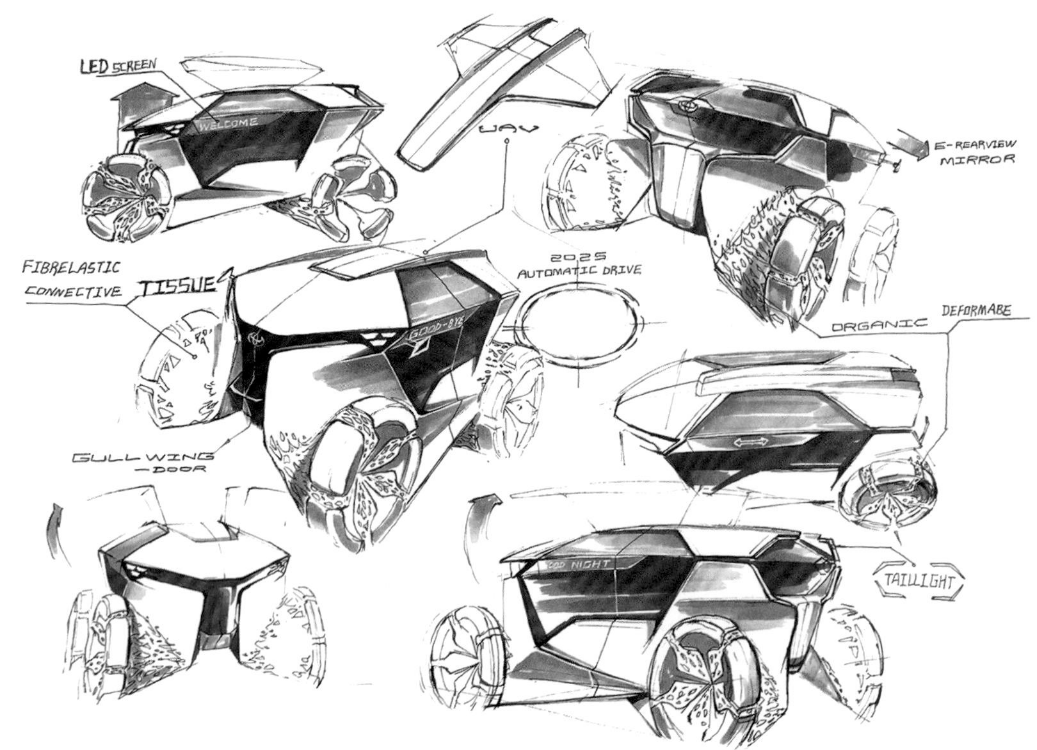

图 3.8 线稿单色调草图练习 | 冯一凡，鲁迅美术学院 2014 级学生

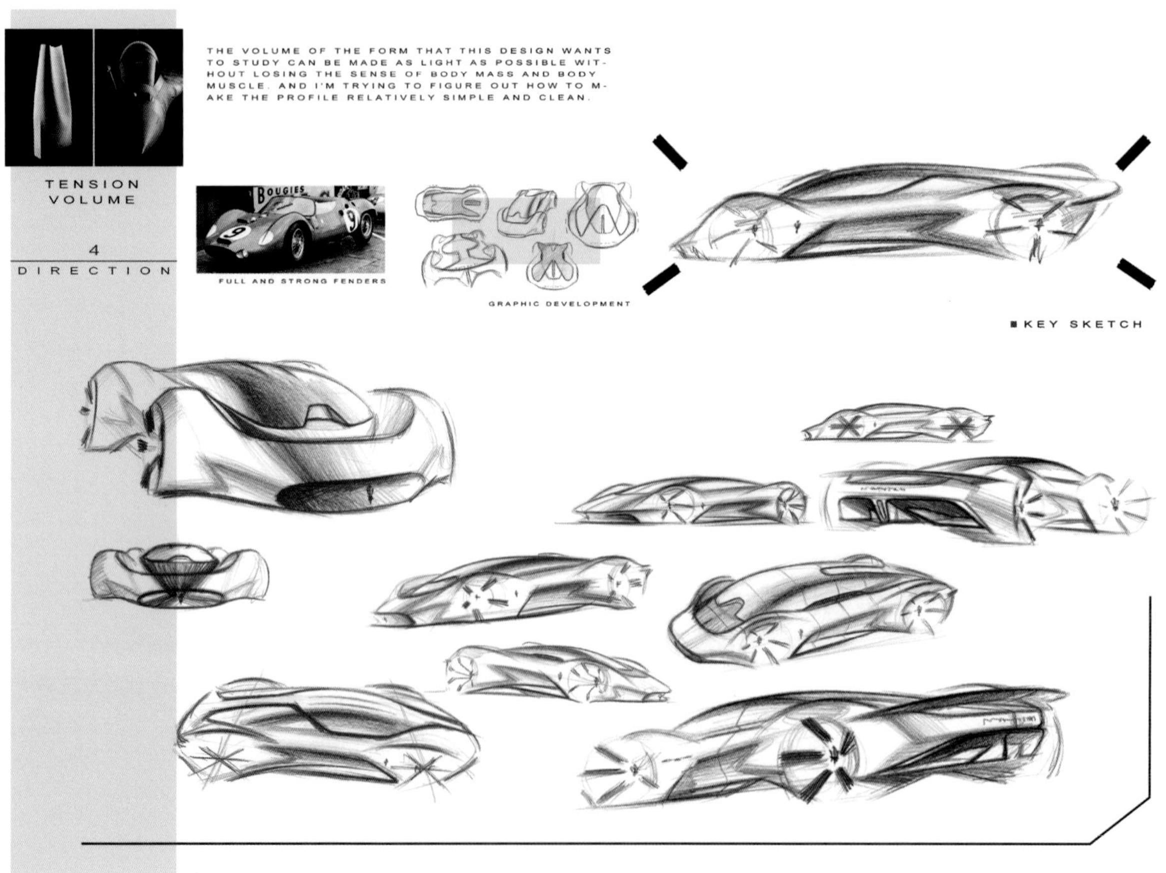

图 3.9 线稿单色调草图练习 | 李恩哲，鲁迅美术学院 2014 级学生

3.1.3　线稿淡彩草图

线稿淡彩草图结合了以上两种方法，并饰以系统性的色彩表现，通常采用套装马克笔、水彩笔、粉彩等。在单线勾画或线面结合的同时，对物体的色彩变化和明暗变化应本着快捷、简便的原则记录表现方案的基本色彩关系，不必面面俱到或过多修饰。这种形式的最大特点是，能将产品的形态和色彩较为完整地表现出来，获得更真切的视觉艺术效果(图 3.10、图 3.11)。

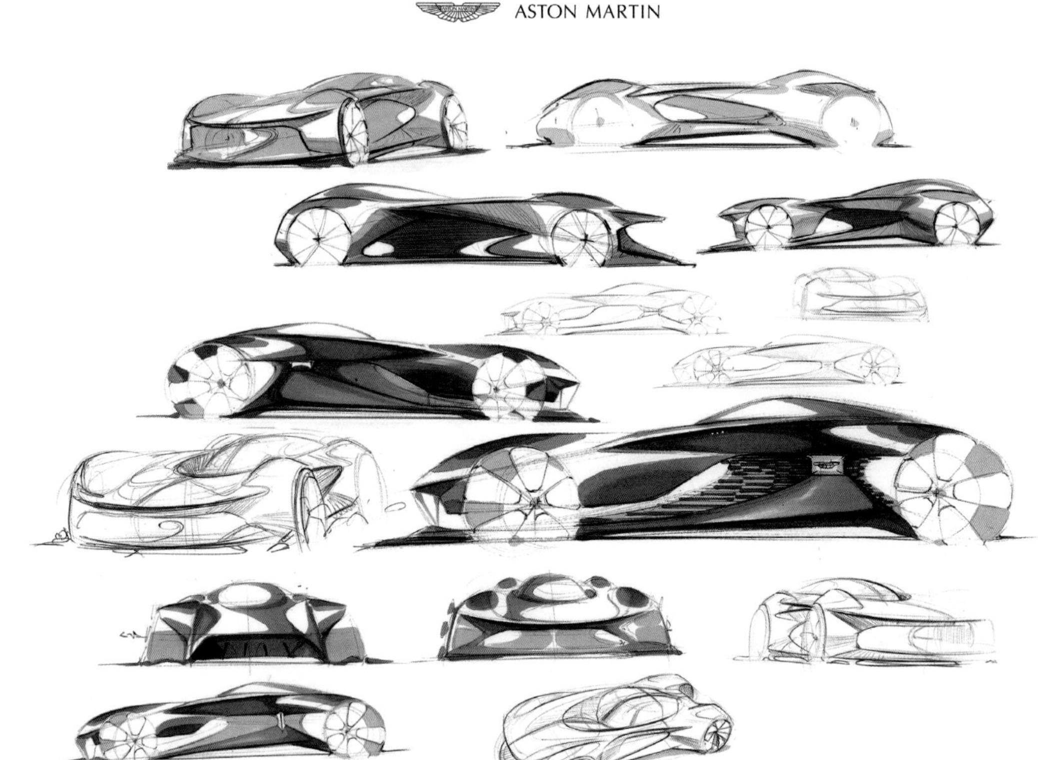

图 3.10　线稿淡彩草图练习 | 杨培民，鲁迅美术学院 2014 级学生

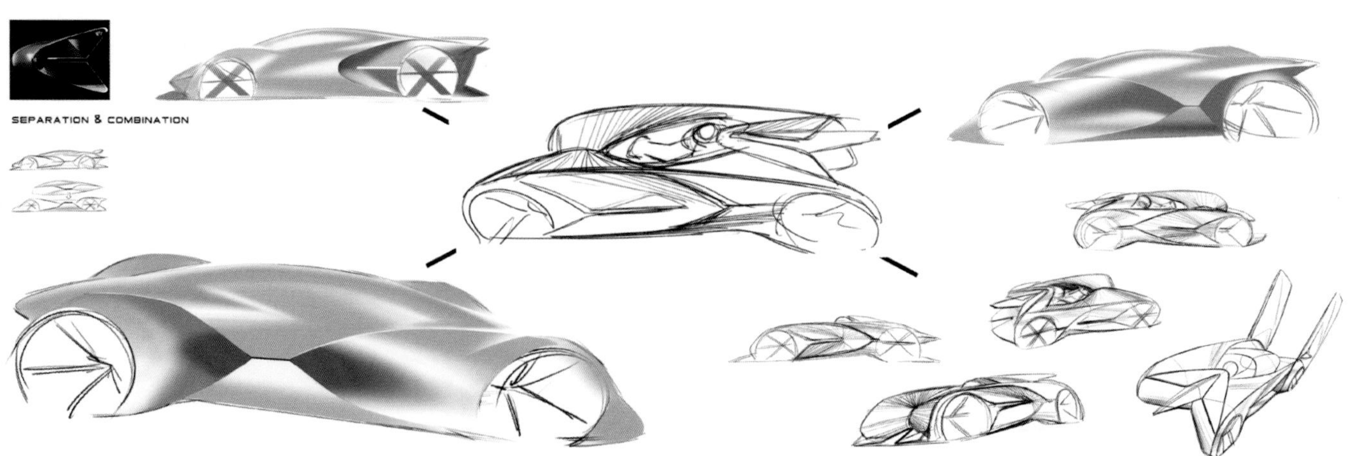

图 3.11　线稿淡彩草图练习 | 杨龙佰，鲁迅美术学院 2012 届毕业生

3.1.4 Photoshop 渲染效果图

通过 Photoshop 等软件绘制接近真实效果的渲染图（图 3.12）。

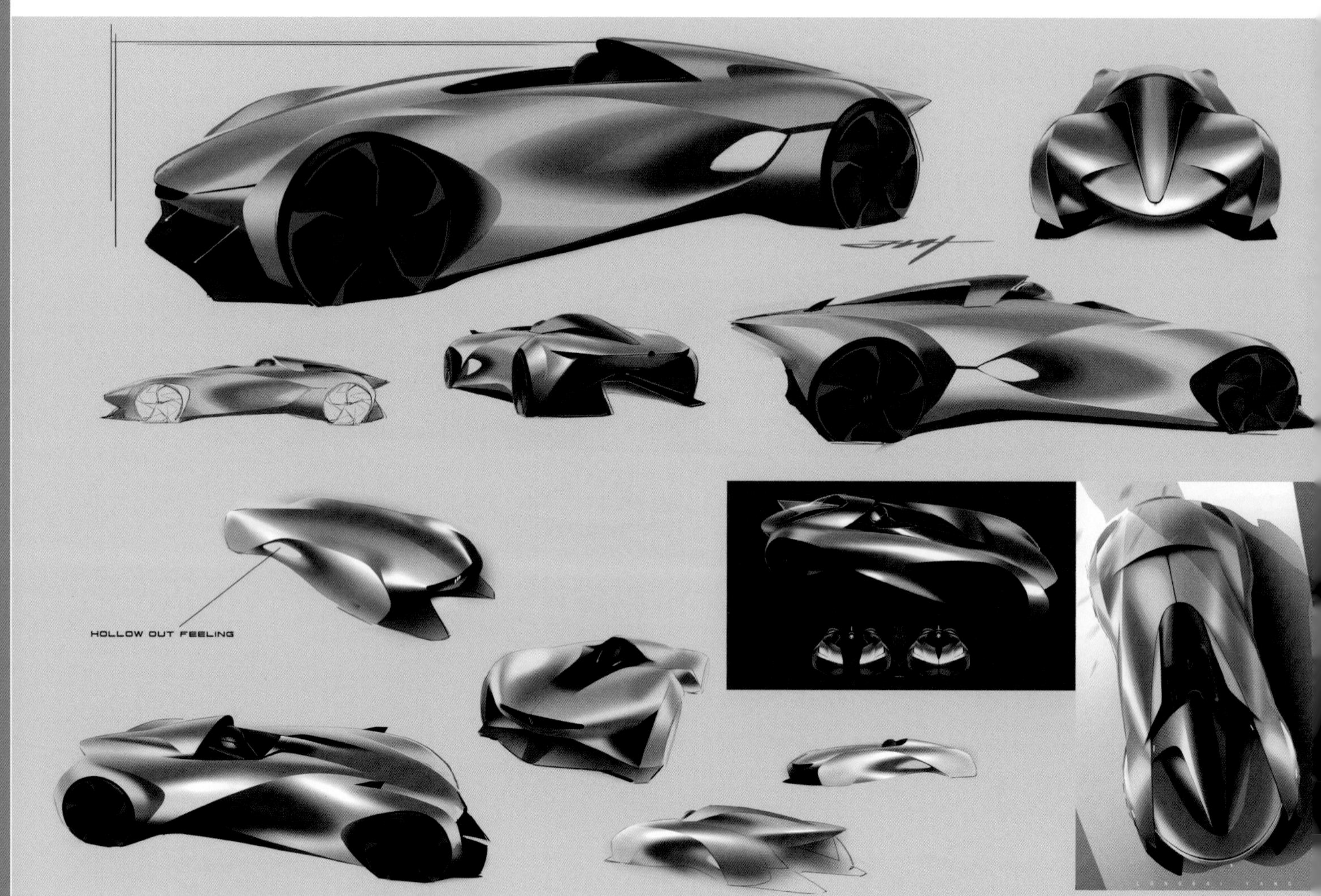

图 3.12 Potoshop 渲染效果图练习 | 杨龙佰，鲁迅美术学院 2012 届毕业生

3.2　汽车手绘基础训练

3.2.1　画平行直线

画长度和间隔相等的平行直线，尽量通过手臂的位移去画，这样才更易于控制（图 3.13）。

3.2.2　贯穿点画直线

在画面上画几个点，先进行用直线去贯穿它们的练习，再进行用多条直线贯穿一点的练习（图 3.14）。

3.2.3　贯穿多点画曲线

在预先留有的点上去画出优美流畅的线条，在这些带有转向性质的导向点上分段完成一条完美的线条，而不是把它们当成端点来作画。如图 3.15 所示，左边第一条曲线是正确的，它通过多点的导向作用画出了一条准确而流畅的曲线；而第二条曲线把每个转折点当成了端点，因而流畅性不好；第三条线则因为重复过多，使得线条看起来很毛糙。

图 3.13　平行直线练习

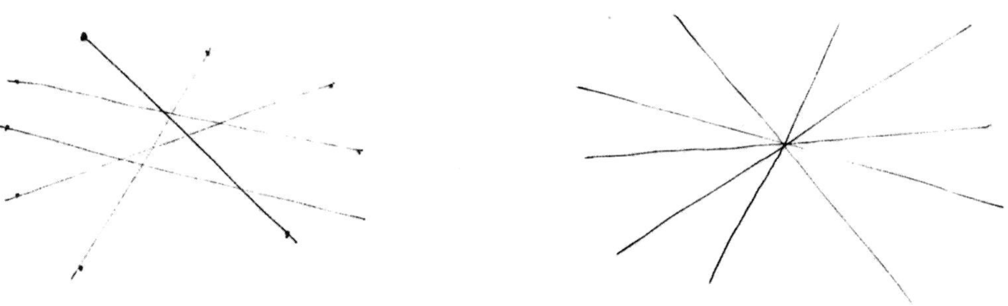

图 3.14　贯穿点直线练习

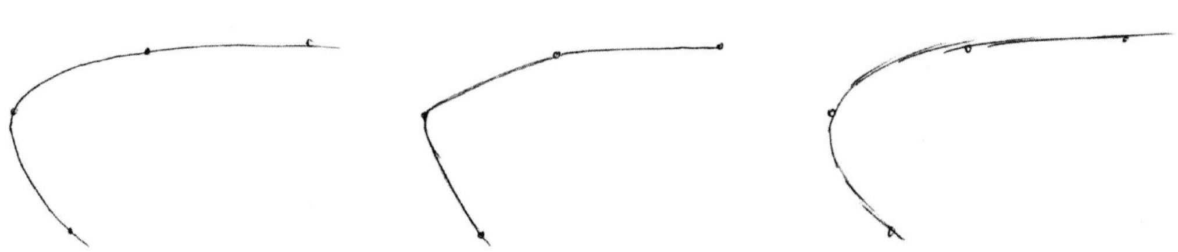

图 3.15　贯穿多点曲线练习

3.2.4 在短轴上画椭圆

首先画一个短轴，然后在上面画椭圆。要确保椭圆是对称的，以及它在轴上。短轴必须在画好的椭圆中心，并且垂直于椭圆(图 3.16)。

3.2.5 通过短轴和宽度来画椭圆

首先画一个短轴，然后在左边和右边各画一条线，以确保这些外层的线是对称的，最后逐个画出多个椭圆，使它们的宽度和两条外层线吻合，并按照统一的间隔或渐进式的间隔绘制椭圆(图 3.17)。

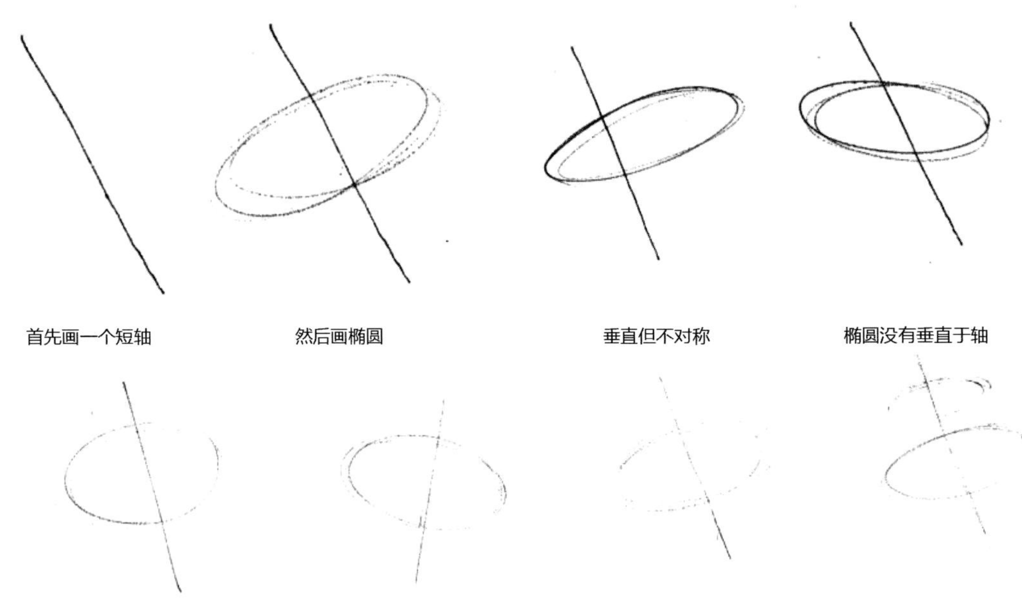

图 3.16 短轴椭圆练习

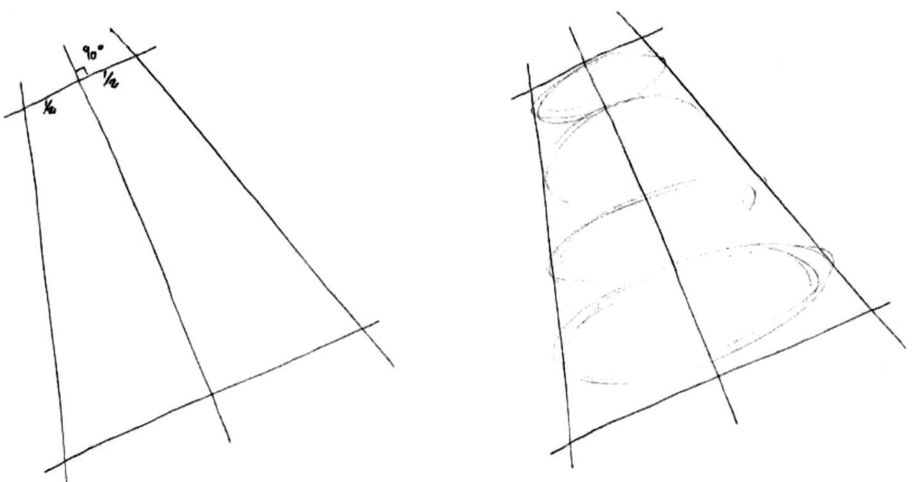

图 3.17 短轴和宽度椭圆练习

3.2.6　调子练习

在纸上进行由重到轻的调子练习，熟练之后再进行由轻到重的调子练习（图 3.18）。

3.2.7　透视练习

采用一点透视、两点透视方法去绘制立方体、球体、圆锥体和圆柱体等几何形体，锻炼基于光影关系进行调子的表现训练（图 3.19）。

图 3.18　调子练习

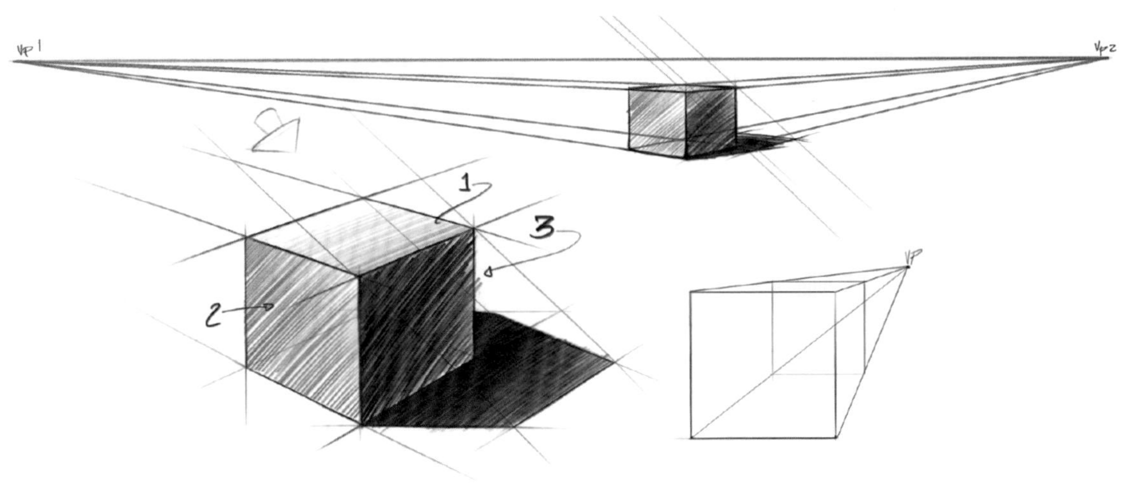

图 3.19　透视练习

3.2.8 光影和投影绘制练习

利用辅助线画出圆柱体和锥体上的光影和投影形态，要注意光源的准确性(图 3.20)。

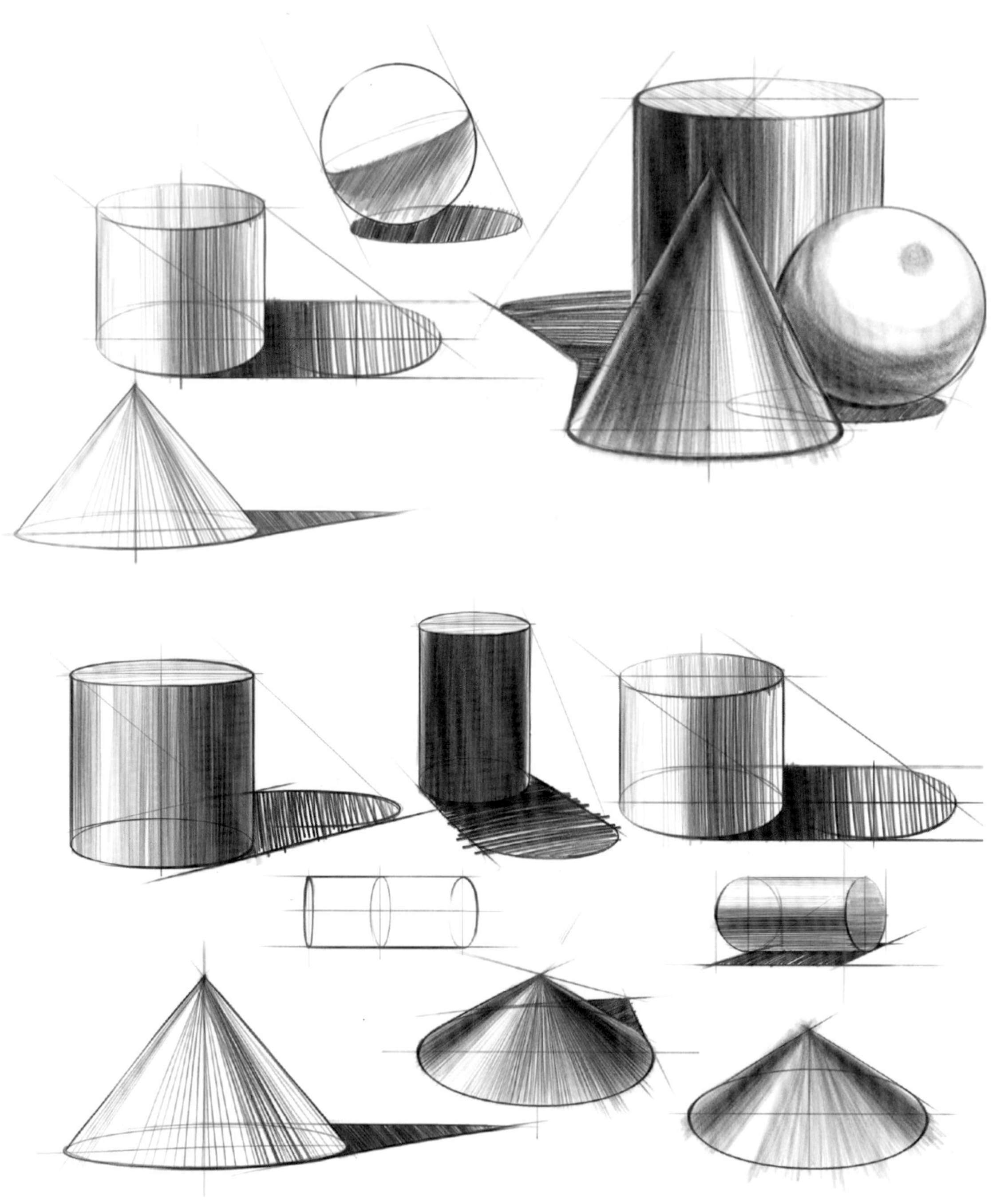

图 3.20 光影和投影绘制练习

3.2.9　具体绘制练习

利用辅助线网格进行车辆的具体化绘制，并用几何形体去归纳和理解车体的造型，以及画出不同箱型比例车型，如 SUV、轿车、轿跑等（图 3.21）。

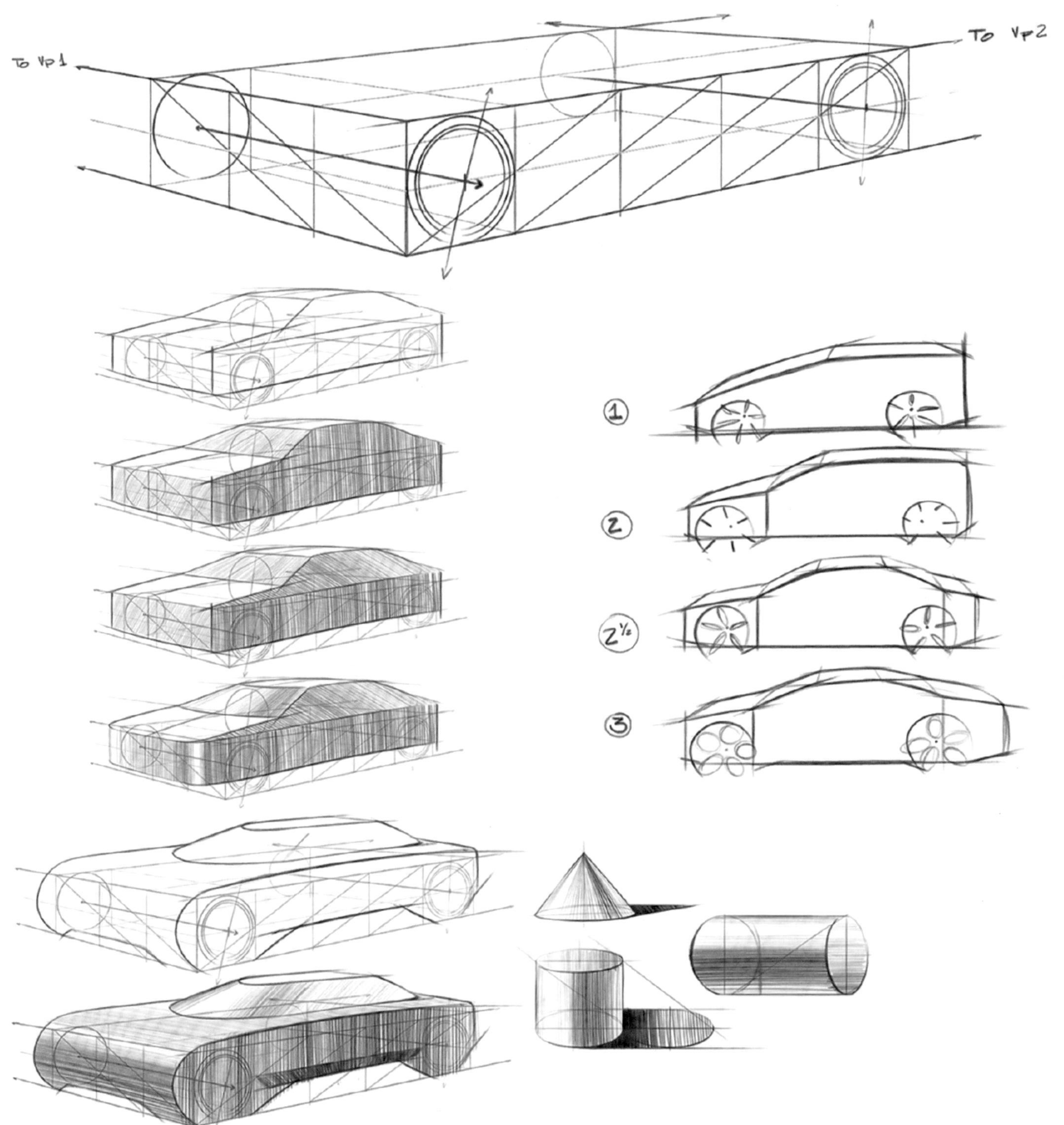

图 3.21　具体绘制练习

3.2.10 塑造形面练习

车身的曲面十分多元化，通过不同形态的断面线辅助调子去塑造不同的起伏关系，可以锻炼我们的造型思维(图 3.22)。

3.2.11 快速表现方法和技巧

不同类型的车具有不同的比例姿态，车辆 A 柱和 C 柱之间的关系除了与动力总成有关外，也和车型定位有关。我们可以通过 A 柱、C 柱和车轮的关系，较为准确地把握车身骨架，以准确地控制车辆姿态（图 3.23)。另外，我们还可以通过画椭圆的方式去快速定位比较准确的车辆透视(图 3.24)。

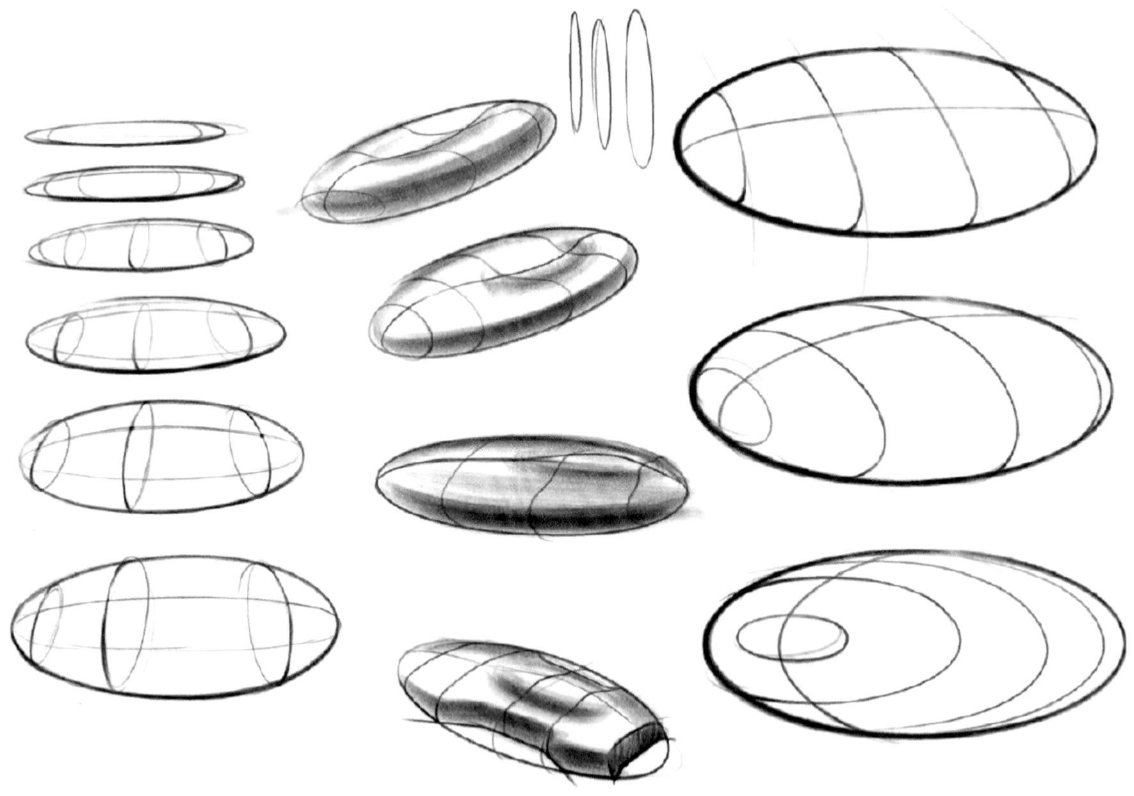

图 3.22 塑造形面练习

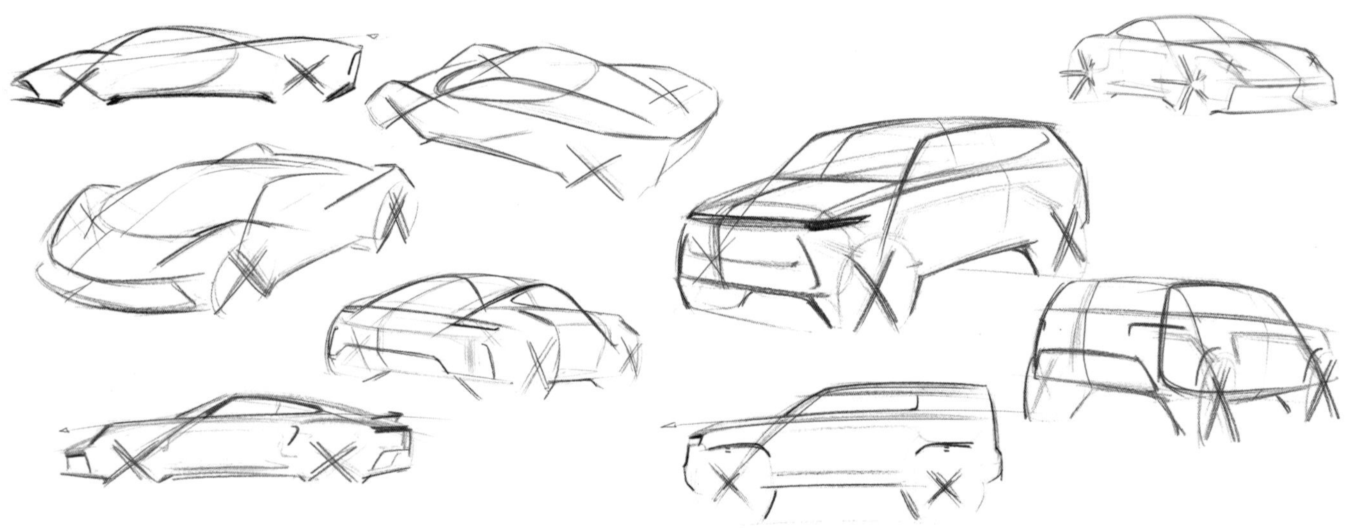

图 3.23　汽车草图透视技巧（1）｜石明远，鲁迅美术学院 2018 级学生

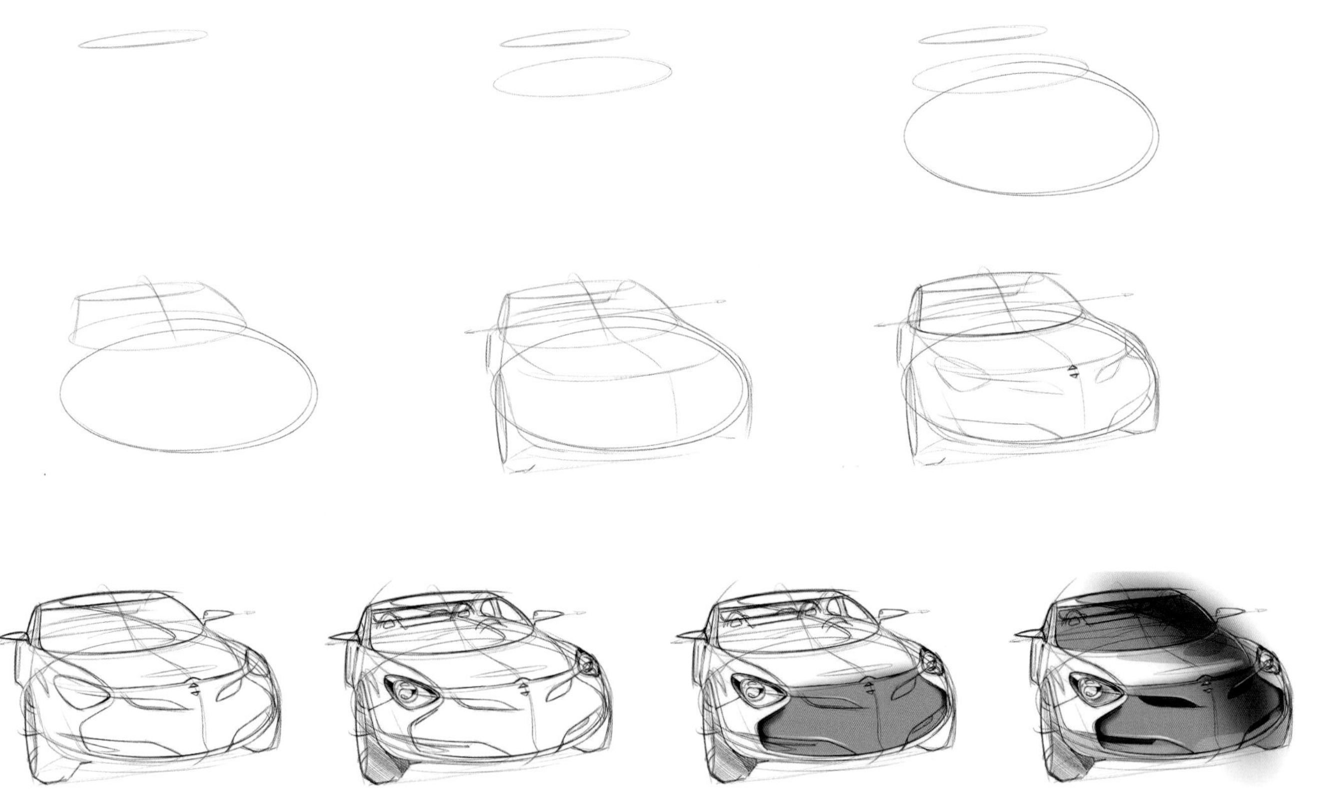

图 3.24　汽车草图透视技巧（2）

3.2.12 多视角绘制练习

进行不同车型的多个常用角度绘制练习，可以建立快速表达车辆多透视角度的能力（图 3.25）。

图 3.25 多视角绘制练习

3.2.13　汽车草绘练习

进行快速建立框架、骨骼和肌肉的练习时，在快速的绘制过程中要时刻注意车辆的透视关系。另外，还要进行不同车型的比例调整练习，如在 SUV、轿车、掀背车或 MPV 车型之间的比例切换练习(图 3.26)。

3.2.14　Photoshop 快速渲染

通过数位板或数位屏，使用 Photoshop 软件为草图进行润色，形成质感和体积感(图 3.27)。

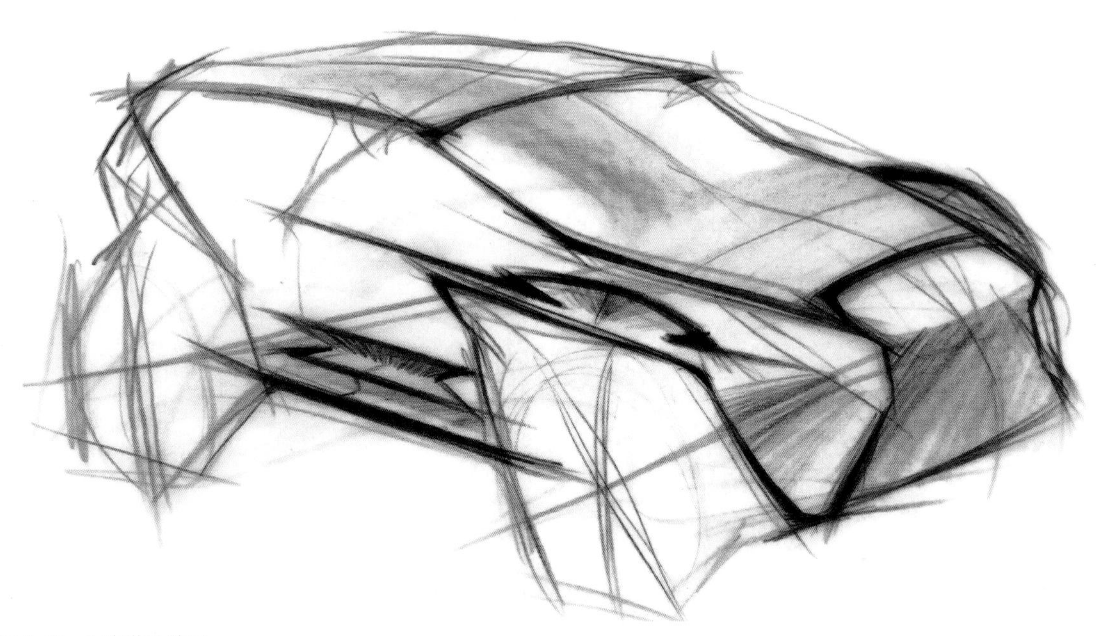

图 3.26　汽车草绘练习

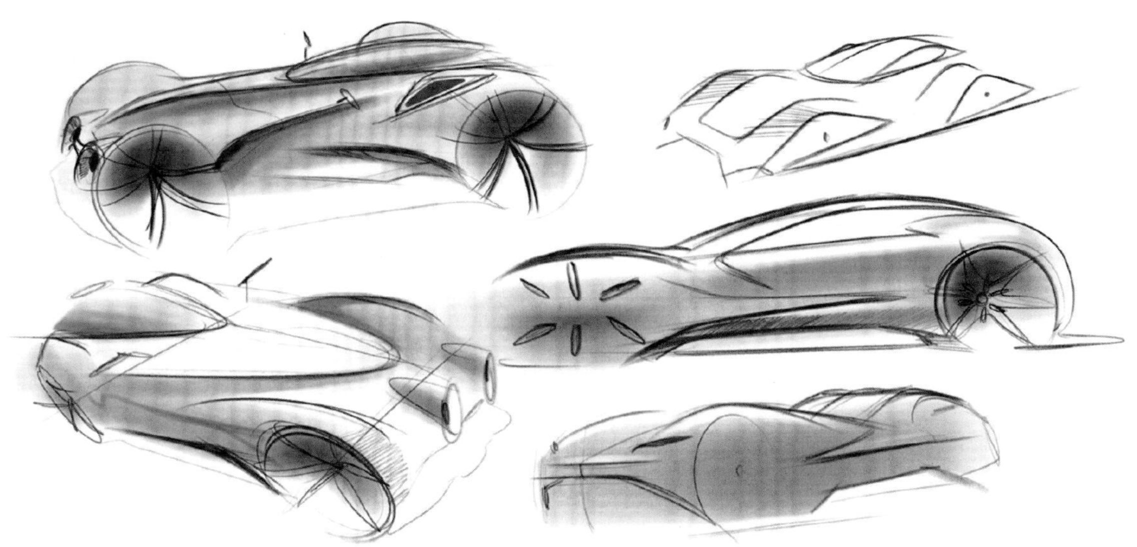

图 3.27　Photoshop 快速渲染

3.3 3D 表现技法（Alias 建模示范）

建模也是汽车设计师除 Photoshop 等 2D 软件以外需要掌握的基本计算机辅助设计能力，但设计师对于三维建模的运用不必像职业建模师那样娴熟。这一技能主要辅助设计师将设计创意更好地传达，以获得与工程师更有效的沟通，对于整个设计项目的高质高效完成具有极大意义。所以，近些年车企和设计机构对于设计师的建模技能也是比较看重的。

现在汽车设计行业的建模软件主要以 Alias、CATIA 为主，但这两个软件的学习成本较高，具有一定的门槛。所以，有一些设计师选择相对更易上手的 Rhinoceros 结合 grasshopper（参数化建模插件）来建模，这种方法的优点是易学高效，缺点是建模的曲面精度无法和 Alias、CATIA 相比，但对于设计师而言已经具有基本的辅助设计工具职能，他们可将更多的精力放在设计上面。blender 也是最近兴起的一个软件，其特点是集建模、渲染和动画于一体，采用更加直观且易操控的建模方式，所以很快就受到了业界的喜爱。以上介绍的 5 个软件也是汽车设计行业内最为普及的几款建模软件（图 3.28）。

由于篇幅所限，本节中仅以行业中最具代表性的 Alias 软件建模作为示范，邀请上汽乘用车设计中心设计师，以丹麦的超级跑车 Zenvo-ST1 为建模演示案例，为初学者提供建模学习的参考。

如图 3.29 所示，Zenvo-ST1 车身奇特的造型颇具视觉冲击，如同“暴脾气”的怪兽傲视群车。这款车的形面难度较高，在大体平直的曲面感觉下，又包含很多自由曲面，如腰线、裙线，还有保险杠、轮包及引擎盖上面板加强筋的交汇，都是难度相当大的建模。

图 3.29 Zenvo-STI 建模参照图片

【扫描二维码观看 3D 表现技法（Alias 建模示范）】

图 3.28 主流的汽车设计建模软件图标

3.4　Package 设计制作

3.4.1　什么是 Package

总布局图的英文名称为“Package”。它是一辆汽车的基础架构，一直是创造一款成功的汽车产品的基本要素。它在设计师学习汽车设计的第一天起，就成为布局开发过程的一部分。历史上有很多具有开创性设计的汽车就是由创新的布局所驱动的，如 CHRYSLER AIRFLOW、VW BEETLE 等车型（图 3.30）都以自己的方式推动了汽车设计的发展，并一直影响着今天的汽车设计。

具体来讲，“布局”即指如何安排一辆汽车的各个组成部分在整车中所处的相对位置，即全车的整体布局。布局方案一般是由总工程师决定的，但对于车身造型设计师来说，很好地理解甚至具备确定总体布局的能力也十分重要，这是因为与其他工业产品相比，汽车构造的复杂多变性要大得多。以笔记本电脑为例，所有笔记本电脑的内部结构大多相差无几，外形所要提供的功能按键和区域划分也大体一致，所以笔记本电脑产品不涉及经常性的“布局”观念。但是，汽车的内部结构比笔记本电脑要复杂得多，对使用功能的要求也很严格（如乘员 / 载货的空间、人体工程学的要求等），这些构成了很多在造型设计过程中必须遵循的限定。因此，汽车造型设计师必须具备很清晰明确的布局观念，才能设计出具有高度合理性的汽车外形。事实上，很多突破性的布局方案都是由造型设计师在概念设计阶段构想出来的。

图 3.30　不同车型的 Package

3.4.2 Package的类型

汽车造型设计所涉及的总布局图和工程师所制作的总布局图有很大的不同。对于设计师来说，Package所起到的作用首先是基于理性思考的启发创意，从功能性、舒适性或交互体验等角度发现设计入手点；同时，也可以把控好车辆最基本的人机工程学的合理性，对设计草案做大致的可行性评估。学习Package的制作可以在短时间内对汽车的机械结构建立初步认识，但要注意的是，Package的重点要放在系统布局的合理性和创新性等方面，并不仅仅是外观(图3.31)。

最初的Package主要是通过诸如CAD等3D软件来进行精确开发，但随着行业的发展，它需要快速并清晰地传达给设计团队中的每一位设计师，所以采用2D软件进行制作显得更加高效。其目标是描述概念架构背后的逻辑，这样设计团队就可以做出正确的决定来引导项目(图3.32、图3.33)。

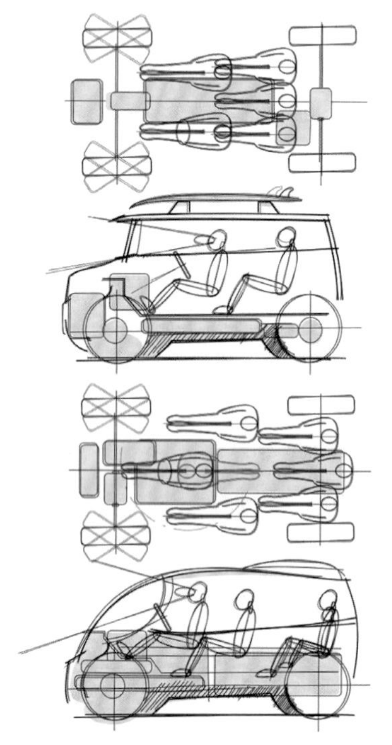

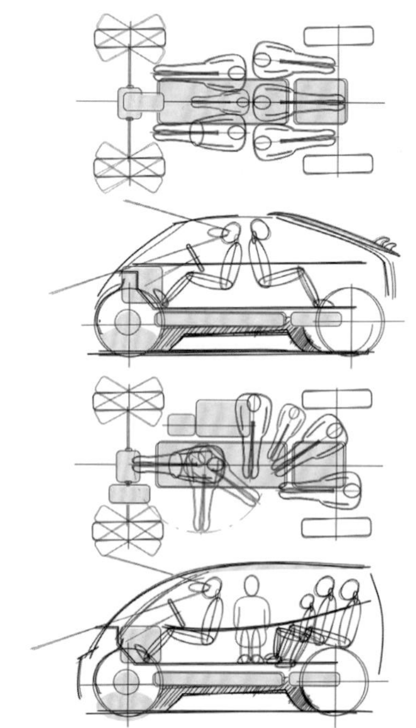

图3.31 常用的Package草图

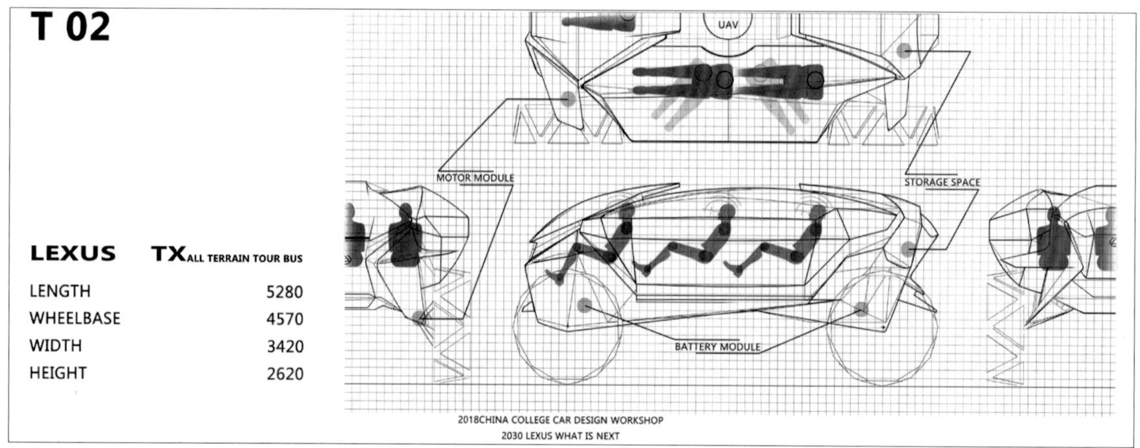

图3.32 Package绘制练习 | 冯一凡，鲁迅美术学院2014级学生

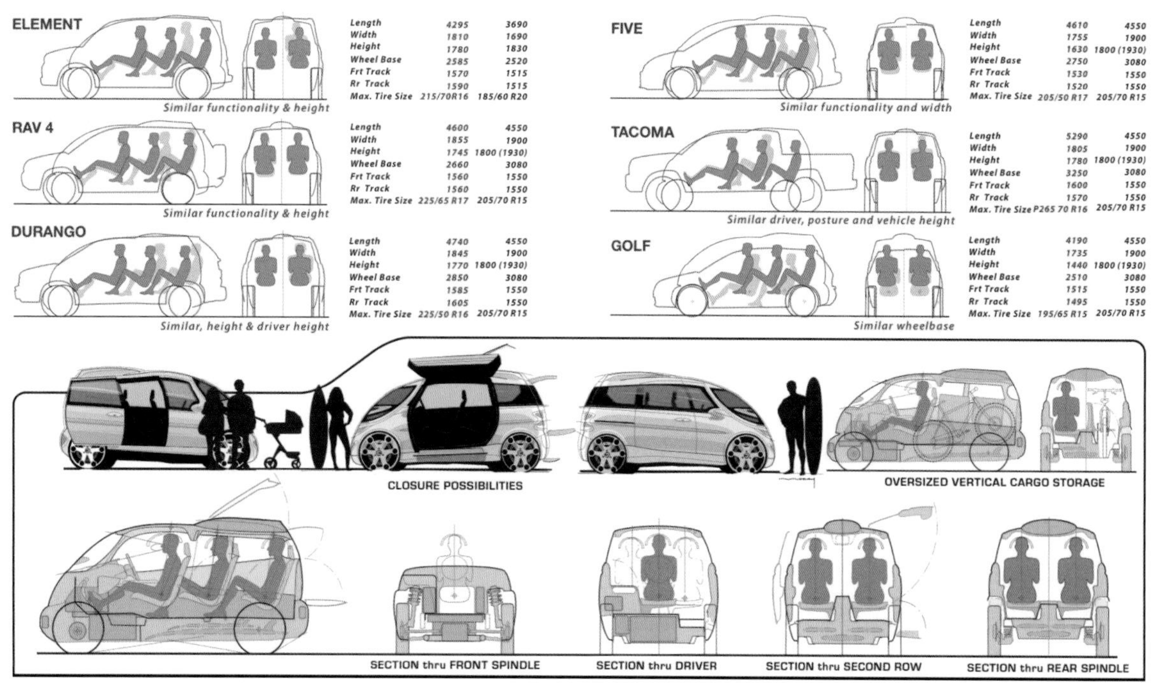

图 3.33　Package 示例

3.4.3　不同的驱动设定

一部汽车的布局元素包括发动机、传动系统、座舱、行李舱、排气系统、悬挂系统、油箱、备胎等，其中前三者是决定布局的三要素，据此可将布局方式分为前置引擎后轮驱动（FR）、前置引擎前轮驱动（FF）、后置引擎后轮驱动（RR）、中置引擎后轮驱动（MR）及四轮驱动（4WD）（图 3.34）。确定布局类型后，其他部件可采用见缝插针的原则。一个优秀的布局方案应该在使各部件工作良好的基础上满足应有的使用功能。

1. 前置引擎后轮驱动（FR）

在前置引擎后轮驱动（FR）（图 3.35）中，引擎纵置于车头，纵向与变速箱相连，经过传动轴驱动后轮。早期的汽车绝大部分采用 FR 布局，而现在 FR 主要应用在中、高级轿车上。它的优点是轴荷分配均匀，即整车的前后重量比较平衡，操控稳定性较好。根据计算，后轮作驱动轮时，轮胎的附着利用率要优于前轮驱动，这是中、大型轿车（马力、扭力较大）常采用的布局。

2. 前置引擎前轮驱动（FF）

在前置引擎前轮驱动（FF）（图 3.36）中，将

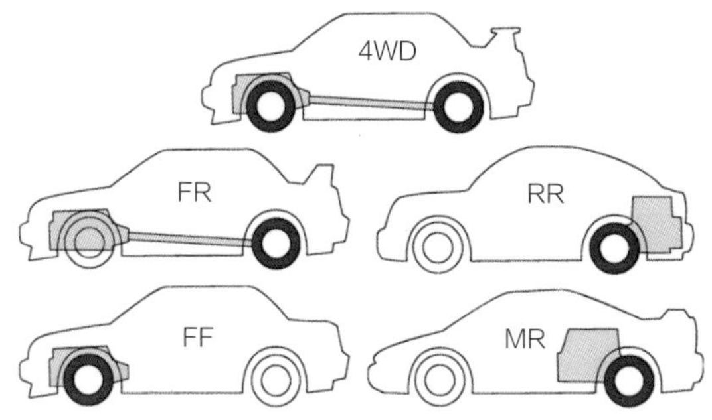

图 3.34　汽车的 5 种驱动设定

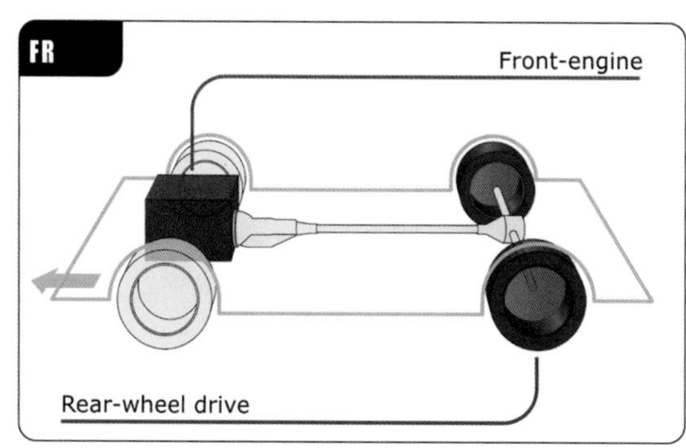

图 3.35　前置引擎后轮驱动（FR）

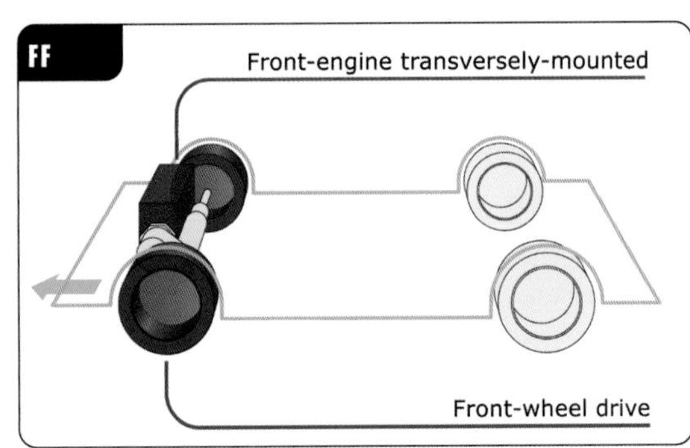

图 3.36 前置引擎前轮驱动（FF）

引擎横置在车头，经过变速箱直接驱动前轮，可以免去传动轴，从而解决 FR 布局的车厢地台问题。FF 是目前绝大部分微、小、中型轿车采用的布局方式。除了可以降低车厢地台外，其在操控性上也具有优势：由于重心偏前且由前轮产生驱动力，FF 汽车在操控性方面具有明显的转向不足特性，这在汽车操控性评价中属于一种安全的稳态倾向，是民用车的理想特性，抗侧滑的能力也比 FR 汽车强。它的缺点是高速行驶时会比较难以控制。

3. 后置引擎后轮驱动（RR）

后置引擎后轮驱动（RR）（图 3.37）早期广泛应用在微型汽车上，其结构紧凑，既没有沉重的传动轴，又没有复杂的前轮转向兼驱动结构。它的缺点是后轴荷较大，在操控性方面会产生与 FF 相反的转向过度倾向，即高速过弯的稳定性差，容易侧滑。现在仍采用 RR 布局的汽车已经很少，如保时捷 911 就采用这种布局，而其极易甩尾的操控特性也是出了名的。

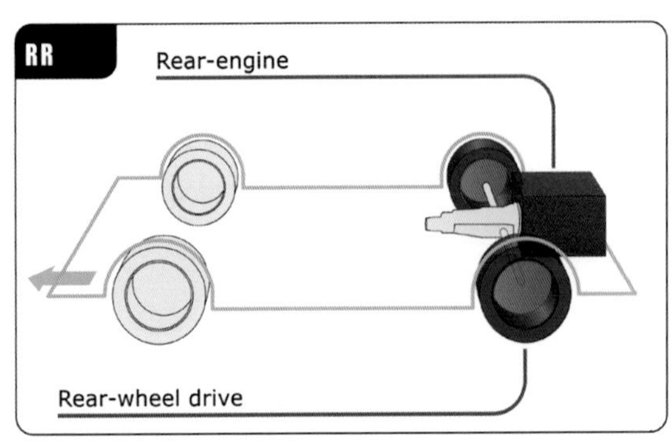

图 3.37 后置引擎后轮驱动（RR）

4. 中置引擎后轮驱动（MR）

在中置引擎后轮驱动（MR）（图 3.38）中，引擎放置在前、后轴之间的布局方式，其最大的优点显然是重量分配均匀，具有很中性的操控特性；缺点是引擎占去了坐舱的空间，降低了空间利用率和实用性。因此，采用 MR 布局的大都是追求操控表现的跑车。一般的 MR 布局，引擎是置于座椅之后、后轴之前，不过后期出现了一种被称为“前中置引擎”的布局方式，即引擎置于前轴之后、乘员之前，驱动后轮。从形式上看，这种布局应属于 FR 类型，但能达到与 MR 一样的理想轴荷分配，从而提高操控性。

5. 四轮驱动（4WD）

无论是前置、中置还是后置引擎，都可以采用四轮驱动（4WD）（图 3.39）。大多数 4WD 布局都是采用前置引擎，结合前置引擎和两轮驱动的设计所衍生。与两轮驱动相比，4WD 牵引力会提升一倍。如果有足够的推动力，即使在松

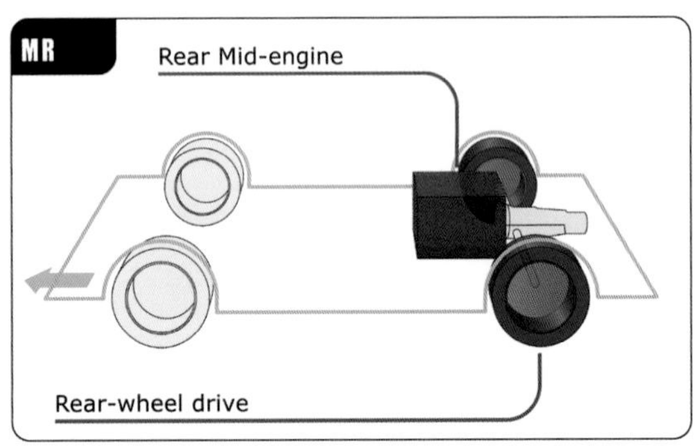

图 3.38 中置引擎后轮驱动（MR）

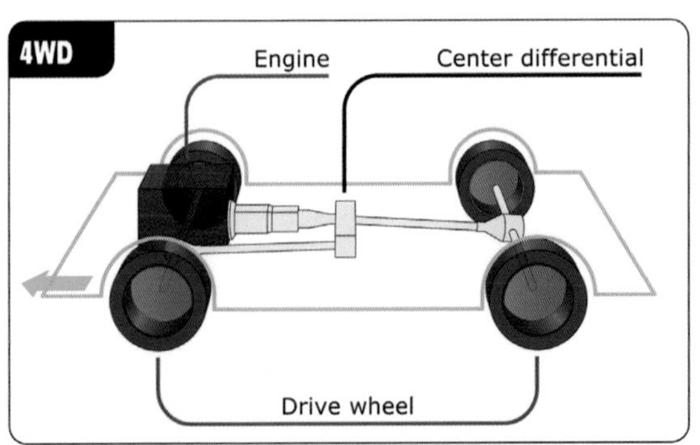

图 3.39 四轮驱动（4WD）

软路面或抓地力不足的路面，4WD 汽车也可以正常加速和驾驶。但是，4WD 汽车需要更多的机械和复杂的零件，因此售价更高。

3.5　油泥模型设计制作

经调研显示，即使像汽车工程师这种特殊群体去买车，也会首先重点关注车的外观，可见汽车的造型对于消费者的重要性。可以说，“一个造型决定一款车的命运，一款车决定一家企业的命运”这句话并不为过，因为造型就是这么重要。而油泥模型在汽车造型设计过程中扮演了同样重要的角色，设计师可以决定一款车的样貌，而油泥模型师则决定了这个样貌的最终深度与维度。

汽车油泥模型主要指用油泥雕塑而成的仿真汽车模型。它是汽车车身设计中的重要环节之一，用来表现汽车造型的实际效果，如形体的转折、过渡和细部处理等。它比效果图更加立体真实，更加直观，更具有说服力。最早将油泥模型应用于汽车造型设计的是通用公司。20 世纪 30 年代，通用公司的哈利 · 厄尔（图 3.40）将雕塑家的油泥应用到汽车上，用以塑造三维模型，后来经过一系列的工艺改进，最终形成汽车油泥模型（图 3.41）。因此，通过油泥模型进一步改进和完善设计方案非常重要，是其他平面图纸和数字影像所不能代替的（图 3.42）。通常，汽车油泥模型的比例为 1 ： 10、1 ： 5、1 ： 1 等。下面将介绍油泥模型设计制作的相关步骤。

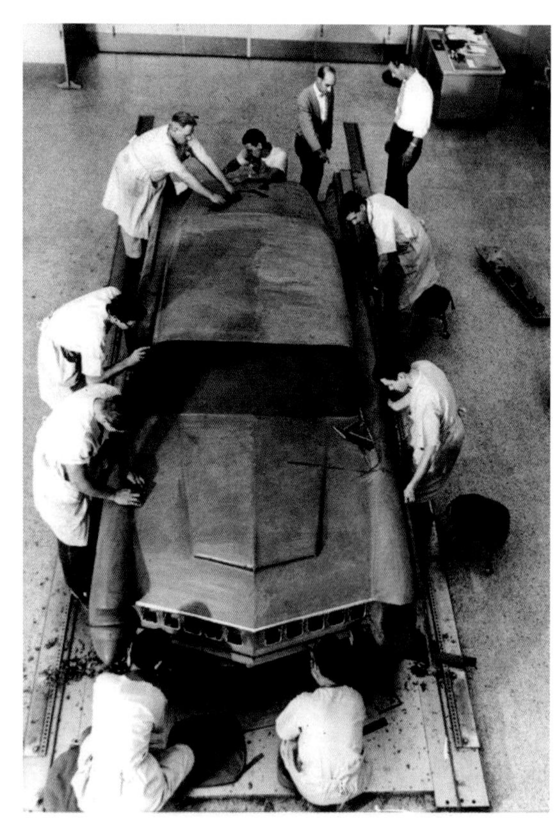

图 3.41　1954 mercury xm-800 的油泥模型制作现场

图 3.40　哈利 · 厄尔与他设计制作的油泥模型

图 3.42　法拉利汽车的油泥模型制作现场

3.5.1 准备工作

1. 刮刀

刮刀是油泥模型制作中常用的一种工具，根据大小可分为大、中、小 3 种类型，根据形状和作用的不同可分为平面刮刀、弧形刮刀和三角刮刀等（图 3.43）。平面刮刀是用于油泥粗刮阶段的主要工具，它能迅速刮出光滑的或有弧度的曲面。对难以刮平的曲面采用平面刮刀，而对处理凹凸的曲面采用弧形刮刀。在后期精刮阶段或者因曲面复杂难以使用平刮的地方（如连接窄槽），主要使用三角刮刀。三角刮刀的刮片根据形状可分为矩形刮片和异形刮片。如果说刮刀主要用来造型，那么刮片主要用来光顺造型，其最终目的是使造型曲面更加顺畅。有些工具还需要

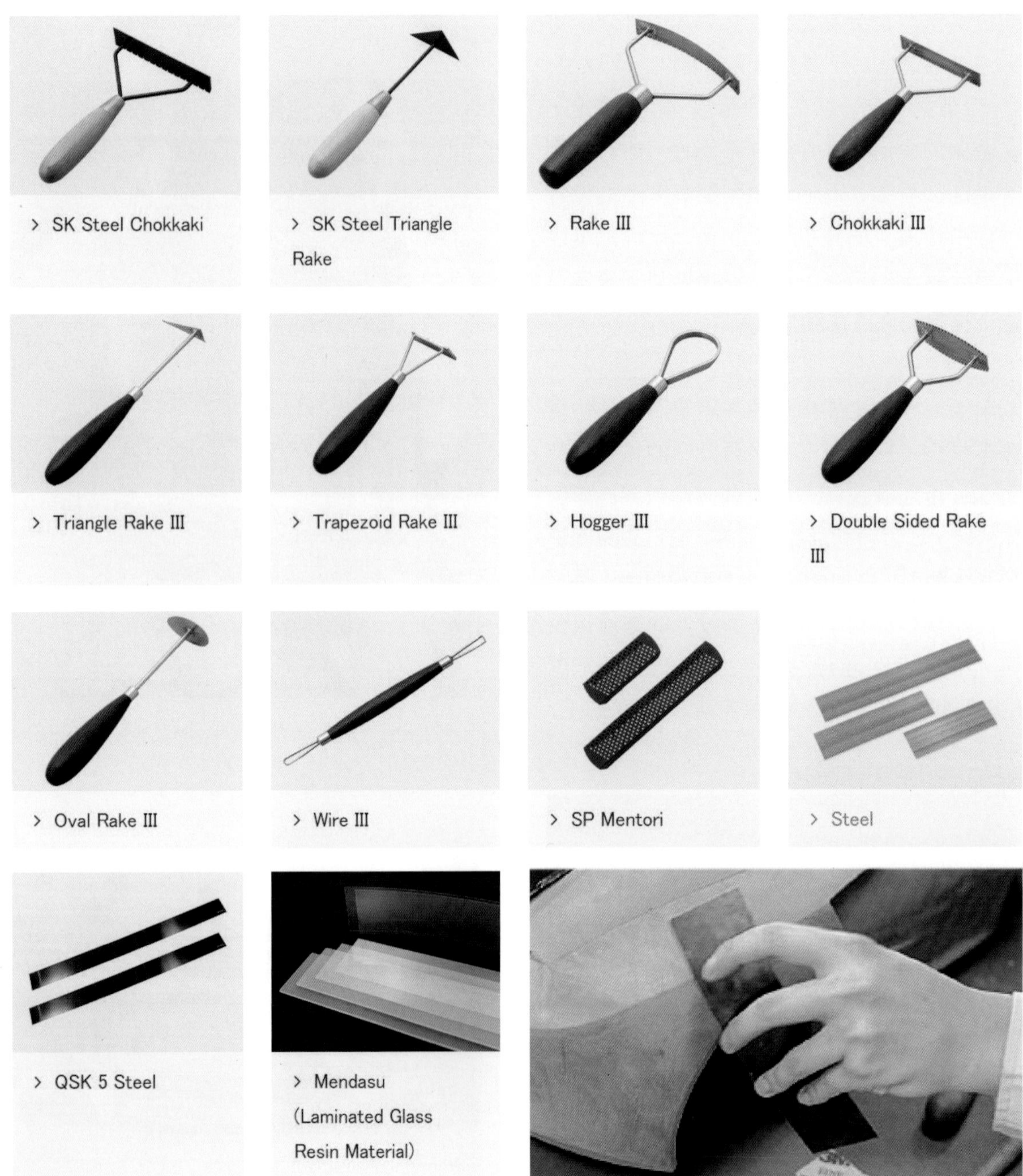

图 3.43　刮刀的种类

设计师根据自己的使用习惯或车体的曲面环境来特殊定制。

2. 工业油泥

工业油泥的特点是性质稳定，色彩一致，质地细腻，受温度影响变化小，易刮削和填敷，展示效果良好。在工作环境温度恒定在20～25℃的情况下，油泥能保持适当的硬度和稳定的形态；但在常温下比较坚固，所以需要在专用的油泥烘烤箱中进行加热后才能使用；当加热到50～60℃时，油泥自身会变软，可以在制作好的内芯上进行敷涂作业。等油泥冷却后，可用专业的油泥工具进行手动切削作业。与其他模型材料相比，油泥模型可进行多次敷涂和切削，使造型设计的修改变得更为容易。刮削下来的油泥经过回收加工处理可重复使用（图3.44、图3.45）。

图3.44 油泥烤箱

图3.45 专业工业油泥

3. 胶带

胶带的种类很多，常用的胶带主要包括构思图胶带、彩色胶带和纸胶带。构思图胶带以皱纸为材料制成，黑色而稍有光泽，能柔软地沿着曲线进行作业（图 3.46）。用于实物模型或者比例模型，构思图胶带也可以贴在油泥模型表面作为切削时的辅助线及部件和部件之间缝隙的装饰线条，黏性较强，纸质较厚，但表面略显粗糙（图 3.47）。彩色胶带也是以皱纸为材料制成，用于粘贴曲线的条状胶带。彩色胶带因为黏力比较强且不伤害其外表，所以比较容易重贴和修正，而且可以弯曲，在改型的时候应用很方便。纸胶带是以纸为材料制作的弱黏性胶带，在制作油泥模型时，用于拉假设的制图线和形状设定，供讨论使用。在胶带图设计制作中，黑色的构思图胶带是设计师最常用的胶带（图 3.48）。

图 3.47 构思图胶带应用示例

图 3.48 构思图胶带绘制过程

4. 图纸

图纸用于绘制汽车正面、后面、侧面和顶面 4 个正投影视图，是从平面图形转换成立体形态的重要部分，可展示每个平视角度的线性关系、姿态、比例、线性等设计（图 3.49）。图纸可以从 4 个不同方向对汽车进行投射，完整地表达车身的结构和轮廓，方便后续根据图纸比例确定模型内部骨架及泡沫板的尺寸。

图 3.46 构思图胶带

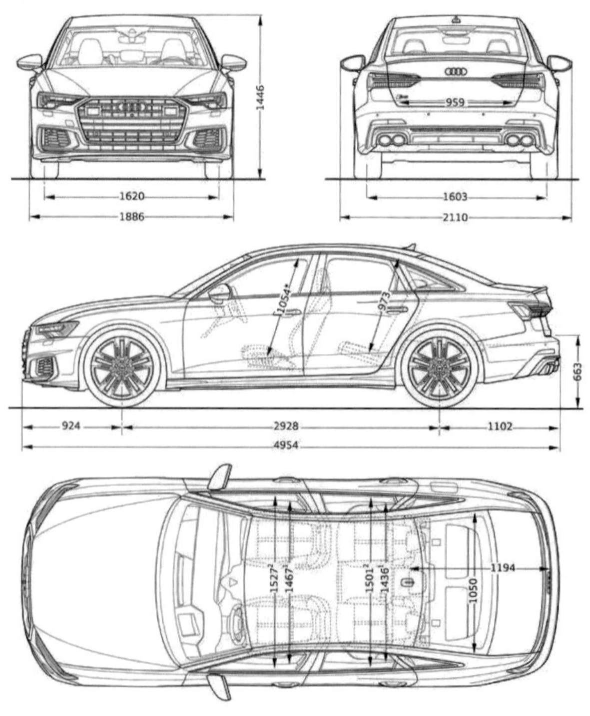

图 3.49 奥迪 S6 车身图纸

5. 泡沫

优质的泡沫不仅能很好地粘接模芯和油泥，而且可以有效地替代油泥作为填充物，起到节约油泥、减少填敷油泥工作量的作用。如果泡沫模芯制作精细，它还可以清楚地展现造型的轮廓。高密度的硬质泡沫用于制作模型模芯，是做内芯、骨架的一种理想材料，从而使油泥的利用既经济又充分（图 3.50 至图 3.52）。制作中常用的泡沫有聚氯乙烯泡沫、氨基甲酸乙酯泡沫和聚苯乙烯泡沫等。

6. 薄膜

油泥模型用薄膜是专门为油泥模型的表面检查、装饰等开发的特殊薄膜。它因为具有适度的延展性，所以可根据油泥模型表面的曲面变化而用于进行检查、粘贴装饰和表面光顺的工作。这种薄膜可替代油漆喷涂工序，这样既避免了油漆喷涂工序中对人体的危害，又可以使油泥重复使用（图 3.53）。

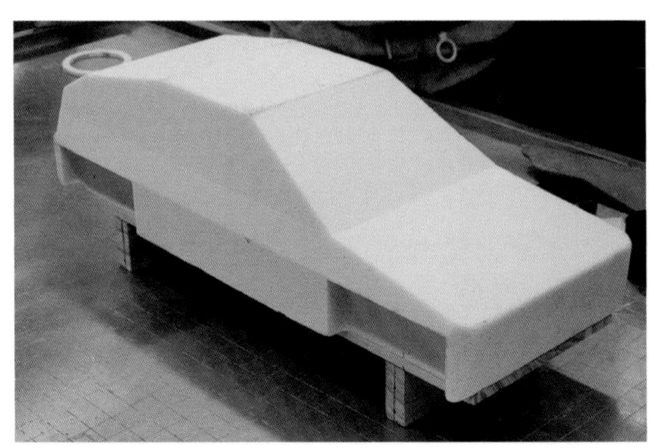

图 3.50　泡沫模芯制作

图 3.52　等比例模型模芯制作

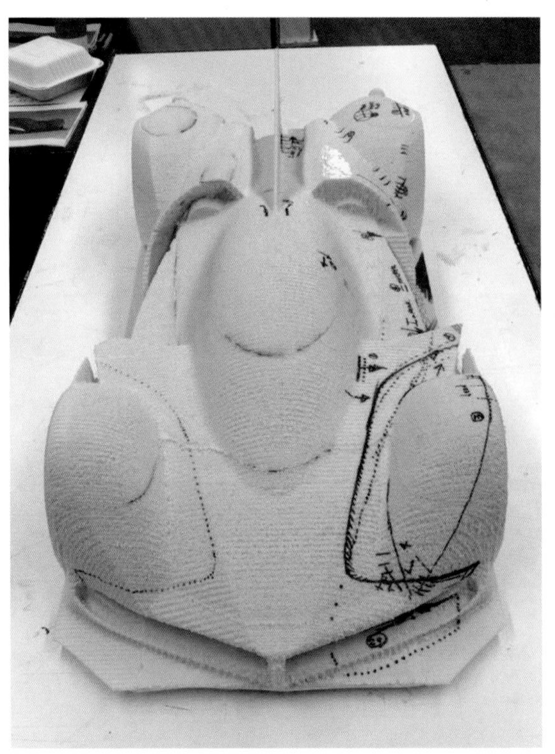

图 3.51　精细泡沫模芯制作

图 3.53　在汽车油泥模型上覆盖薄膜

3.5.2 内部骨架

骨架是整个模型的基础，就如同人的骨骼一样，在制作过程中要注意：骨架要有良好的承重能力，要有良好的稳定性，注意后续装配工作的空间预留，整体外廓尺寸可比实际模型缩小20～30mm，以满足塑形时需要的厚度。这样既可以节省油泥用量，又减轻了模型的重量。为了合理占用空间，骨架的拆卸要方便，可以再次利用，这有利于节省材料、节约成本、缩短制作时间。一般需要绘制基本的骨架示意图，用木方做框体，以便在上面贴敷泡沫（图3.54至图3.56）。

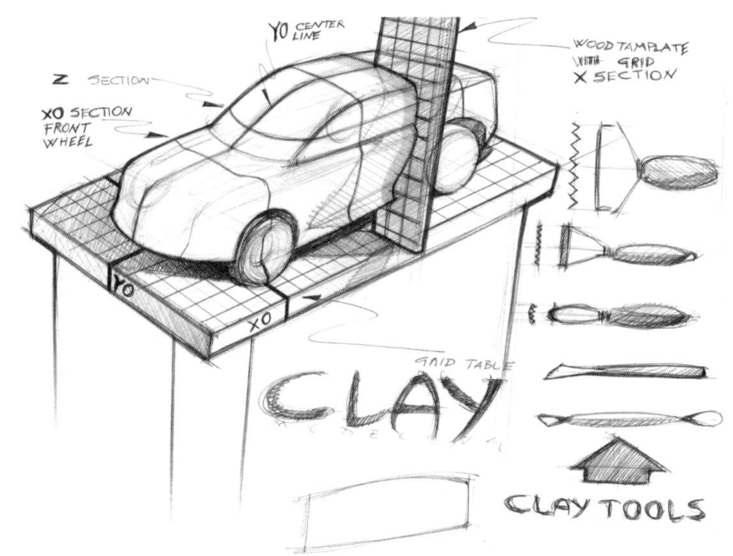

图3.54　油泥模型的准备工作手绘图

图3.55　Bristol汽车的模型骨架搭建

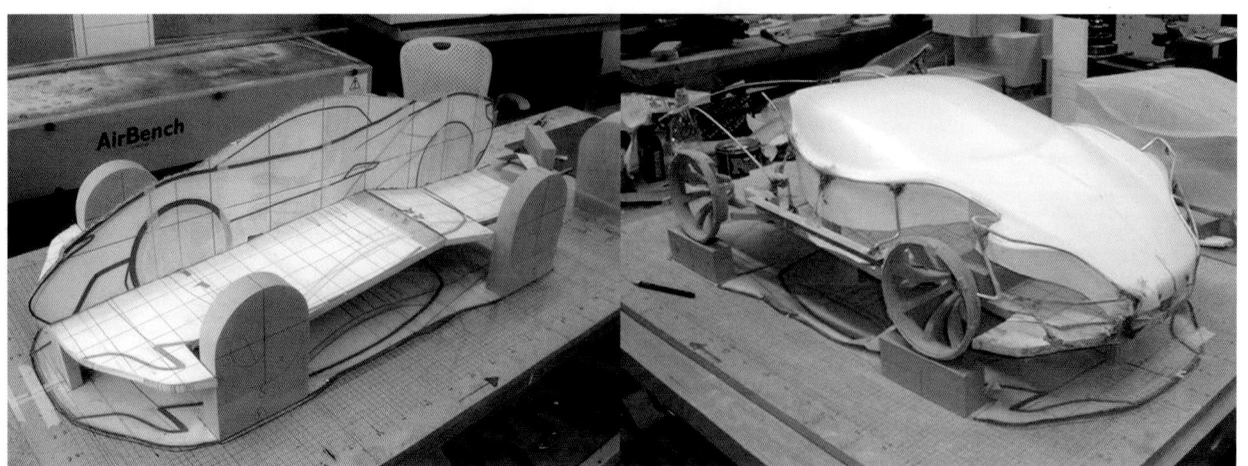

图3.56　Esira概念车缩尺油泥模型骨架制作

3.5.3 油泥初坯（上泥）

一般采用苯板或三夹板做好基本壳体，用自动发泡胶沿三夹板内壁均匀喷射发泡胶液制成发泡内壳骨架。将油泥在烘箱内加热到55～70℃，均匀地贴敷在模型骨架泡沫上，应遵循“平薄宽长”的原则，尽量不要留有空隙，泥料越密实越好。填敷油泥时，先薄敷，再厚敷。初坯的油泥厚度应略超出设计比例10mm左右，留出后续塑型的余量（图3.57、图3.58）。

图3.57 制作缩尺油泥模型初坯

图3.58 宝马 E90 油泥模型上泥

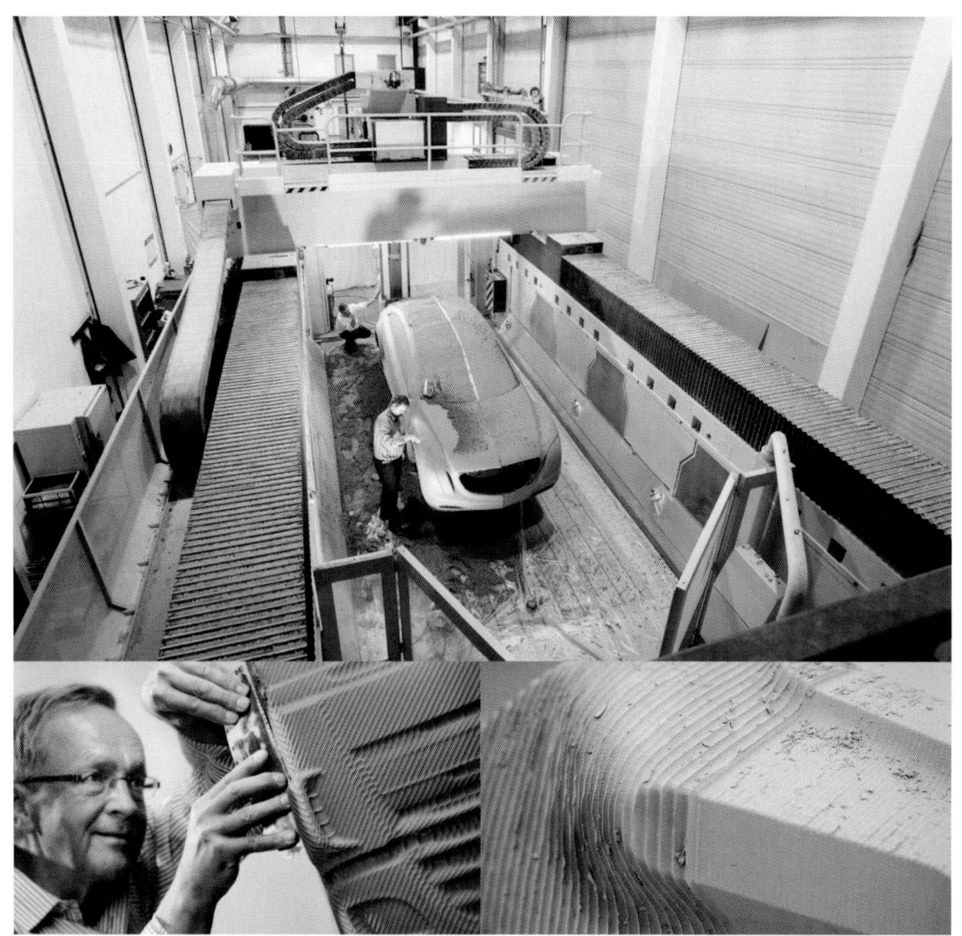

图 3.59 全尺寸油泥模型 CNC 粗雕和粗刮

3.5.4 模型初刮

敷好油泥后，开始初刮。如果有类似车型数据，可以先采用 CNC（数控机床）加工出来再造型，这样可以提高初刮效率（图 3.59）。油泥初刮的主要目的是快速造型，根据准备好的设计效果图，使油泥模型大致显露出基本的形态。接下来，利用专用初刮工具，对车身的正面、后面、侧面和顶部同步刮扫，刮出车身造型的基本轮廓。同时，要将车身腰线明确下来，作为衡量和对比整体车身造型的重要基准。初刮后的模型仍需要保留比实际尺寸略厚 1～2mm 的厚度，以便于修改（图 3.60）。

图 3.60 初刮中的调整工作

3.5.5　模型精刮

在模型泥面上，需要准确地画出中心线及其他重要的坐标辅助线，运用无齿刮铲或刮片对模型进一步修整（图 3.61）。此时，需精心修整才行，特别是对车身前后围、侧面腰线的过渡、衔接，包括进气槽、翼子板、保险杠等细节进行制作。精刮后的模型通常会与设计方案存在一定差异，这是正常的。模型精刮是设计师推敲和完善设计的重要过程。

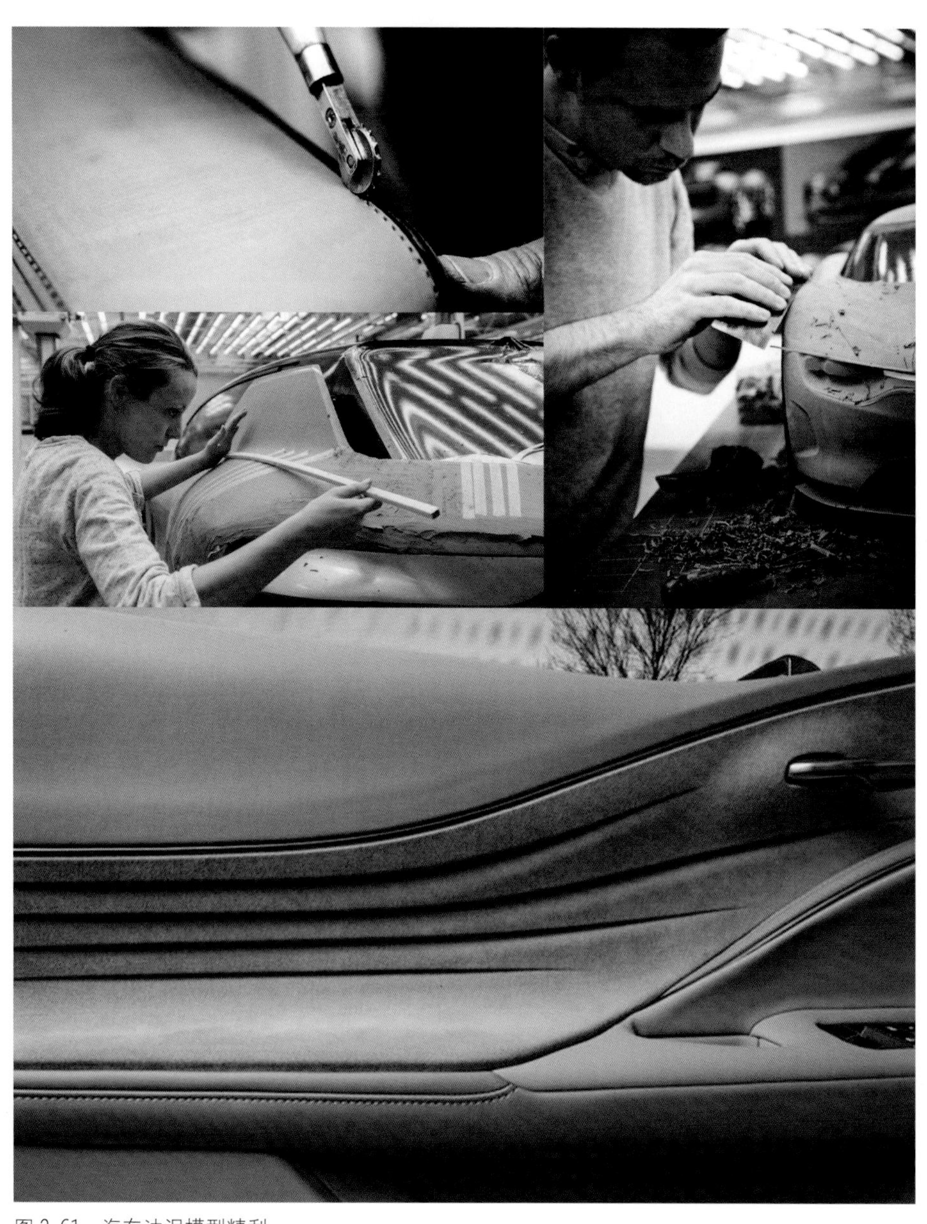

图 3.61　汽车油泥模型精刮

3.5.6 表面处理

油泥表面虽然光滑，但只有附上金属膜才能完美地表现出汽车的高光和反射等实际效果，提高模型在形态、色彩和质感方面的视觉效果，接受有关方面的评审，所以贴膜是必不可少的一道工序。除此之外，还要对其表面进行喷漆、粘贴，安装必要的装饰部件等。通常采用贴饰光膜的方法来达到其表现效果，具体做法是选好所用的专用光膜，按略大于覆盖面积的尺寸裁剪出来，在水中浸泡脱胶后绷紧覆盖在模型的表面上，用橡胶刮片均匀地将积水和气泡赶出，使光膜紧固地附着在模型表面上，再用其他胶条处理好交界的缝隙，并粘贴上必要的车门、灯具、门拉手等结构线形。这就是一个相对完整的汽车油泥模型基本操作流程（图 3.62 至图 3.64）。

图 3.62 贴上银色金属膜的奥迪 TT

图 3.63 贴上银色金属膜的宾利欧陆

图 3.64 贴膜中的雷诺 KWID 油泥模型

3.5.7　贴胶带

贴胶带的目的在于，一方面表现车身的结构缝隙，如车门、进风口、把手等；另一方面，可以遮盖贴膜留下的缝隙，以达到更好的视觉效果。此外，胶带图在油泥模型的基础上确定方案或进一步推敲都比较方便，如曲面应该往外鼓一点还是内收一点，曲线应该往上调 1mm 还是往下调 1mm，这样的过程很难在平面图上实现，所以设计师将胶带作为参考进行调整（图 3.65）。胶带图这一设计手段由来已久，从 20 世纪起一直延续至今（图 3.66）。

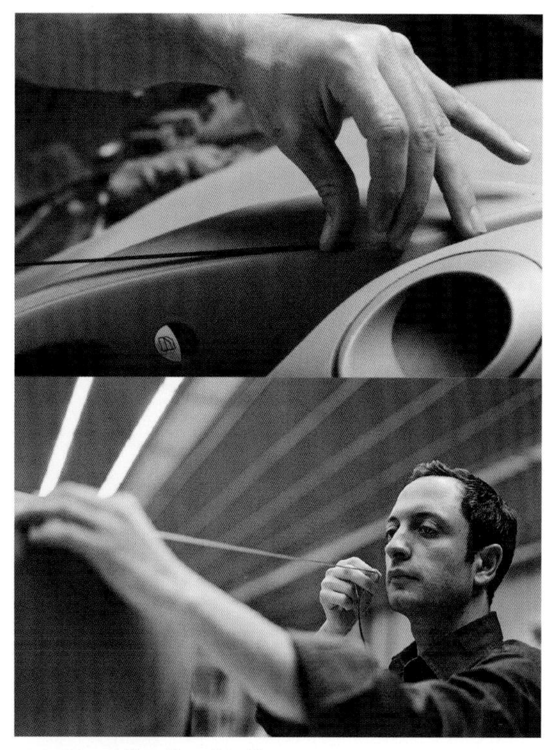

图 3.65　胶带图的细节调整

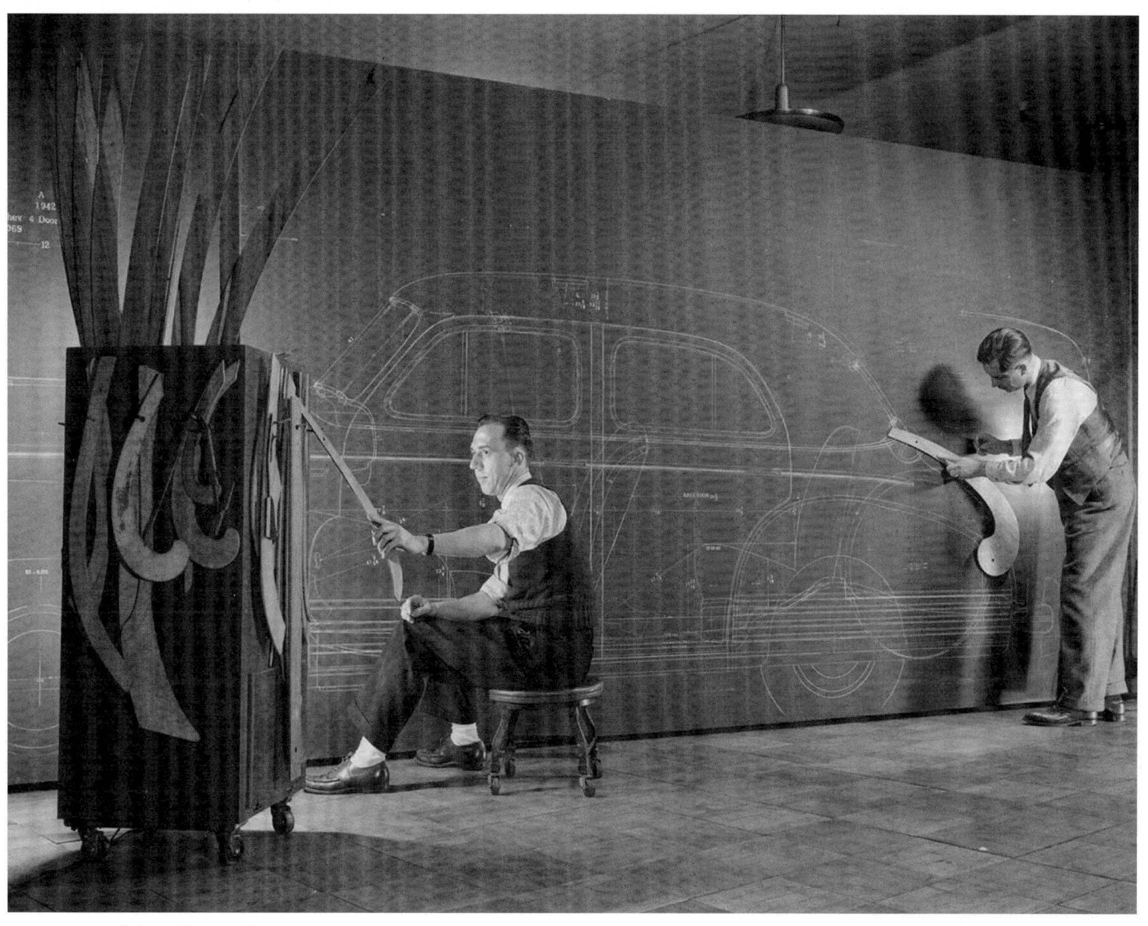

图 3.66　早期的胶带图制作场景

3.5.8 比例模型逆向

在完成多个比例模型制作后，接下来对设计方案进行最后的评审筛选工作，最终确定主题方案并用于全尺寸模型的制作。把比例模型转换成全尺寸模型需要使用逆向扫描设备，运用逆向扫描设备采集比例模型数据（图 3.67），然后通过相关 CAD 软件建立全尺寸的数字模型，逆向处理后的数据将用于后阶段的全尺寸模型制作（图 3.68）。

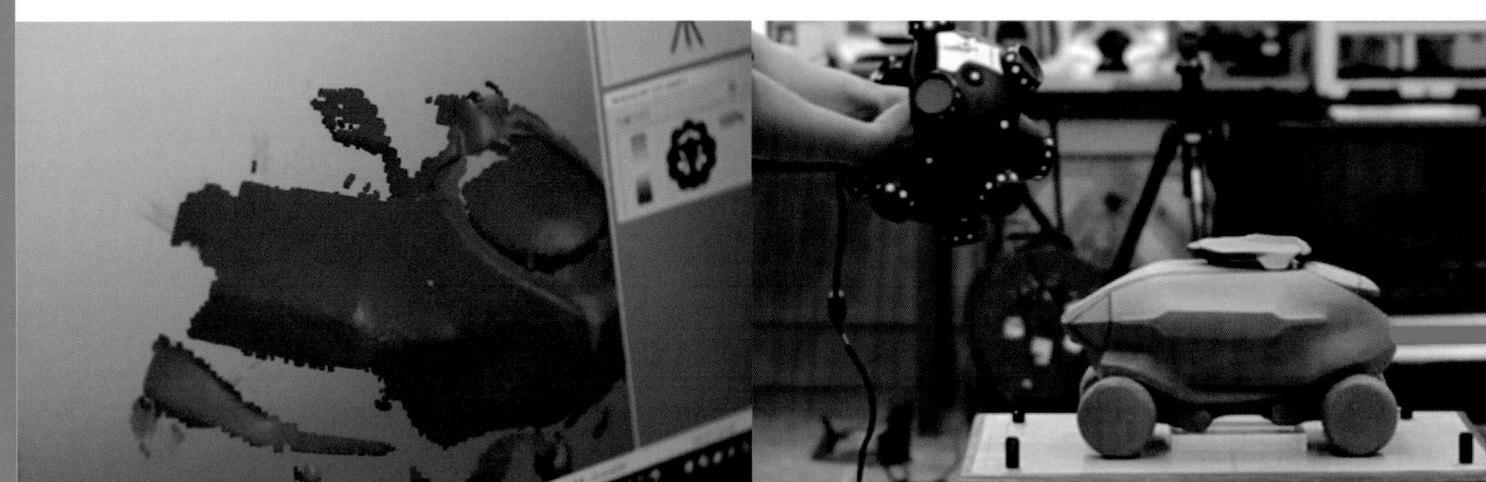

图 3.67 对缩尺油泥模型进行三维扫描

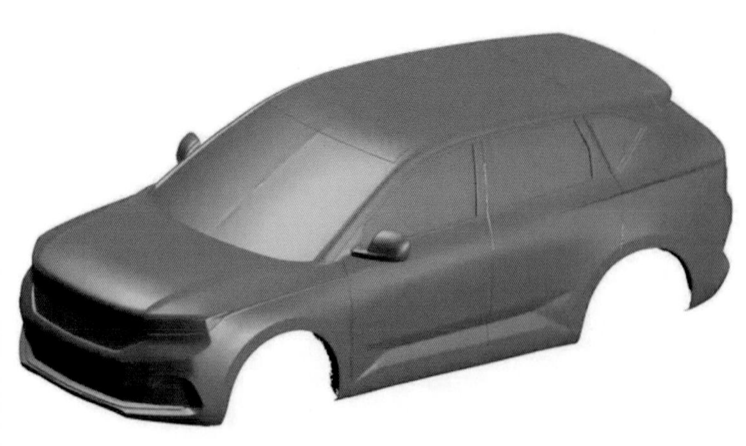

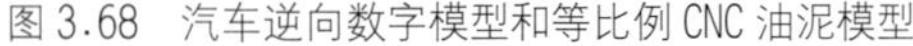

图 3.68 汽车逆向数字模型和等比例 CNC 油泥模型

3.5.9 全尺寸油泥模型

在比例模型阶段，可以按照设计师的需要制作 6 个、9 个甚至更多模型。在这些比例模型中，通过评审确定一两个方案进行全尺寸模型制作。比例模型制作成本低、周期短，可以快速、比较准确地反映设计效果；而全尺寸的模型制作周期长，但可以把设计的空间比例、设计特征效果展示得更加准确、直观。等比例是指与真车尺寸一样的 1 ：1 模型比例，轮廓曲线和尺寸都是按照要求制作的，设计人员可以对车身表面的细节进行加工和修改。全尺寸油泥模型分为外部模型和内部模型，是车身造型设计中的关键环节，对制作过程的要求极为细致和精确，任何一项细部的造型都不能马虎，甚至轮胎、车圈、灯具、雨刷器等都要采用真实部件，因为全尺寸油泥模型是今后正式产品的依据。某些数据检测就是从全尺寸油泥模型开始的，如风洞试验、空气动力状态、车身造型特性等，对整车的优化设计都会起到至关重要的作用（图 3.69、图 3.70）。

图 3.69 油泥模型制作场景

图 3.70 奥迪等比例油泥模型制作

3.6 3D 打印技术及应用

世界上第一台 3D 打印机诞生于 1986 年，这也是 3D 打印技术在商业中的最早应用。早期，人们对于 3D 打印技术的看法十分保守，因为它很难提供高强度和高产能的工业生产，所以业界认为其不具备应用在工业生产中的条件，后来经历多年的发展，3D 打印才逐渐得到各个行业的认可。3D 打印为传统制造业带来很大的优势，已经在航空航天、医学领域、房屋建造、电子等行业中普遍应用，尤其是在汽车工业中应用广泛，这在很大程度上是由于汽车生产中需要的零件数量更多（图 3.71）。

图 3.71　3D 打印的 iPhone X 手机壳

领先的汽车制造商正在依靠 3D 打印技术来加快产品开发周期，并减少时间和能源等资源。另外，在小批量生产、私人定制及复杂的结构加工方面，3D 打印技术发挥出了其无可比拟的优势（图 3.72）。可以说，3D 打印技术使汽车产品从研发到供应链和生产都受到了影响，并在逐渐改变汽车生产的工作流程。例如，由美国亚利桑那州的本地汽车公司制造的“Strati”是全球首款 3D 打印汽车（图 3.73、图 3.74）。

图 3.72　采用 3D 打印技术制造的汽车引擎

图 3.73　全球首款 3D 打印汽车“Strati”

图 3.74 3D 打印汽车“Strati”的 3D 打印过程和试驾情景

3.7 参数化设计

随着 3D 打印技术的逐渐成熟和普及，一些过去难以实现的设计风格得以实现，如近些年非常受人热捧的参数化设计风格，在 3D 打印技术的加持下如鱼得水，实现了科学与美学的完美融合（图 3.75）。例如，新一代旗舰 SUV 雷克萨斯 lf-1 limitless，通过参数化手段为前格栅营造出极强的视觉美感（图 3.76）。同时，我们也看到很多设计师通过参数化设计手法和 3D 打印技术的加持，完成了不计其数的精彩设计作品，如宾利 EXP 100 GT 概念车璀璨华丽的参数化中网和车灯等细节设计（图 3.77），以及一些车型中网的参数化设计（图 3.78、图 3.79）。

参数化设计目前主要依靠 3D 打印技术作为支持，所以也会受到其技术劣势因素的影响。首先，它会导致生产效率降低，因为一般在流水线生产下，一辆汽车的生产时间大约为 10h，而且由于是流水线生产，所以每道工序占用的时间很少，一条流水线上可以同时完成上百辆汽车的生产。而 3D 打印则无法实现流水线生产，即便未来 3D 打印可以制造整车，时间成本也是相当巨大的。其次，它的制造成本高，一般车企每天的生产量大约为 900 辆，如果要求 3D 打印能达到相当的生产量，那么就需要许多打印机。但能用于汽车制造的 3D 打印机成本相当高，还不包括存在的损耗率问题。因此，使用 3D 打印生产整车对制造成本的提高是不可估量的。最后，它存在一定的安全隐患。目前已经推出的 3D 打印汽车都是混合动力或者电动汽车，而制造汽车的塑料虽然质量轻但强度差，且有易燃的风险，出于安全考虑，很多 3D 打印汽车都会内置钢结构加强件。就现阶段来说，与有着近百年安全经验积累的传统汽车相比，3D 打印汽车还有很长的路要走。

图 3.75　3D 打印汽车轮毂

图 3.76　雷克萨斯 lf-1 limitless 的参数化中网设计

图 3.77　宾利 EXP 100 GT 概念车

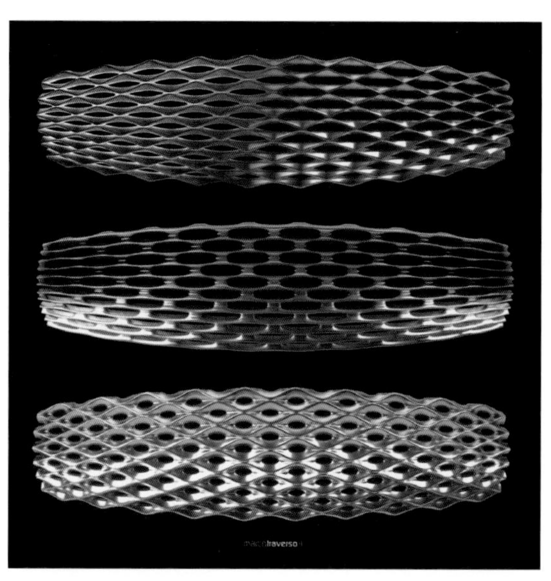

图 3.78　参数化的中网设计（1）

图 3.79　参数化的中网设计（2）

本章思考题

（1）汽车的设计流程有哪些？

（2）在画草图时，如何把控汽车的透视？

（3）汽车的驱动布局形式有哪些？

（4）汽车油泥模型的价值是什么？在今天它可否被完全取代？

（5）汽车“Package”的意义是什么？

第 4 章 课程设计

本章要点

- 深入理解课题的要求。
- 认真客观进行调研。
- 寻找设计源点。
- 创新性的解决方式。
- 完善且细致的效果呈现。

本章引言

本章选取一部分鲁迅美术学院工业设计学院交通工具设计课程的课堂练习案例和优秀作业进行展示讲解。课程设计拟定了两个大的课题方向，分别对未来人类公共出行方式和私人出行方式进行前瞻性设计探索，要求学生在某种拟定背景和限定条件下，综合多方因素进行设计，可运用前几章内容所学到的设计程序与方法，综合多种表达方式进行设计表现。本章结合前几章所涉及的理论知识与设计实践进行讲解，以巩固记忆、加强理解，是消化和应用前期知识的重要教学组成部分。

4.1 具有共享性质的城市出行系统设计

【扫描二维码观看作品动画】

4.1.1 LEAF 单人代步工具

LEAF 是一款为发达城市上班族群设计的单人轻型租赁式代步工具（图 4.1），造型科技、时尚，可以容纳单人日常物品，灵活的驱动布置使其具有在拥堵城市自由穿梭的能力。

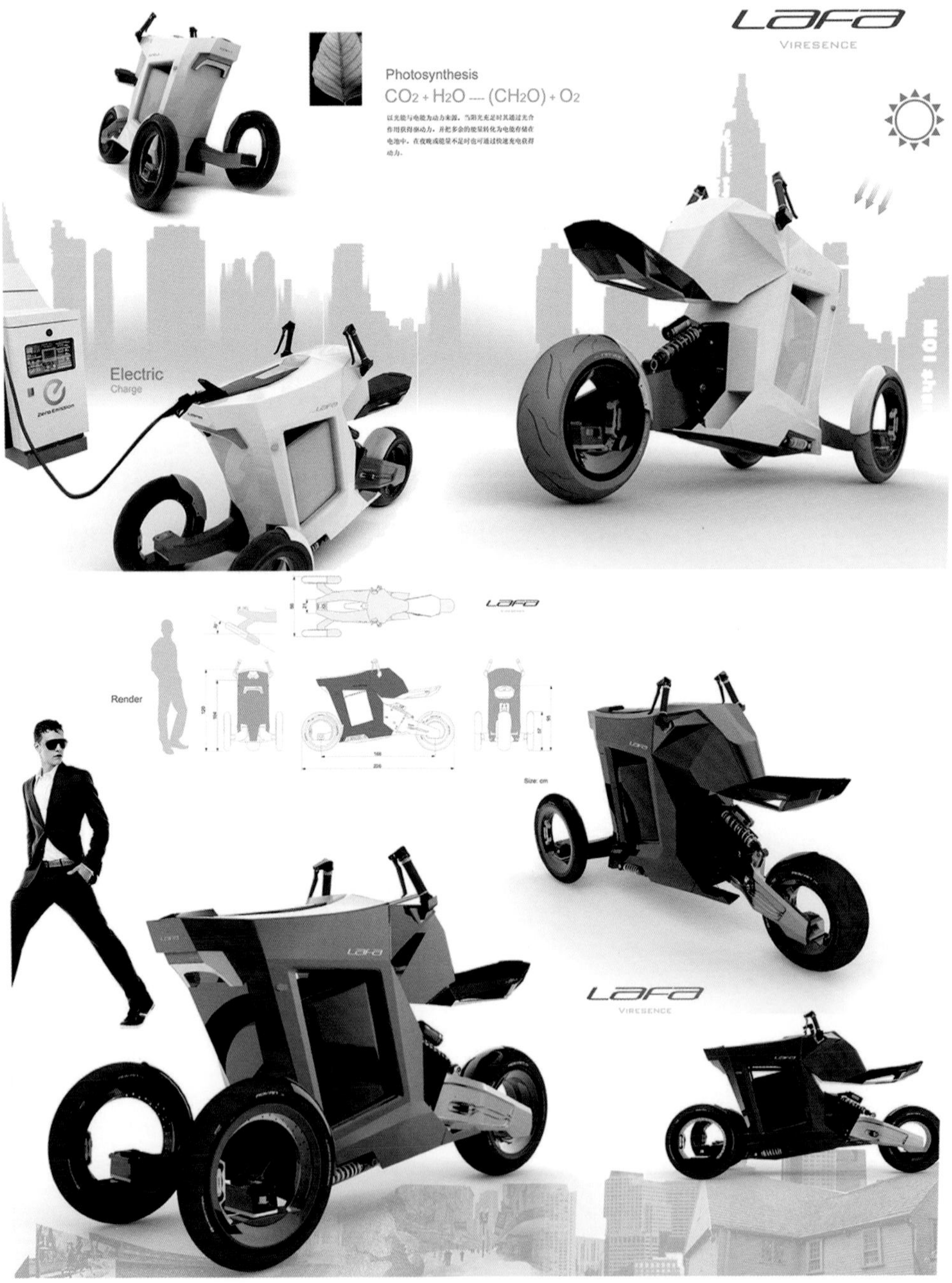

图 4.1 LEAF 单人代步工具 | 孙文龙，指导教师：田野

4.1.2　“4+2”混合共享出行系统

将电动车与单车打包在一起的“4+2”混合共享出行系统（图 4.2），意在为城市出行体验提供更多选择。通过骑行单车产生的电能可以输送给国家电网，以换取相应奖励；电动车的互动交友模式体验设计，可以鼓励更多的人绿色出行。

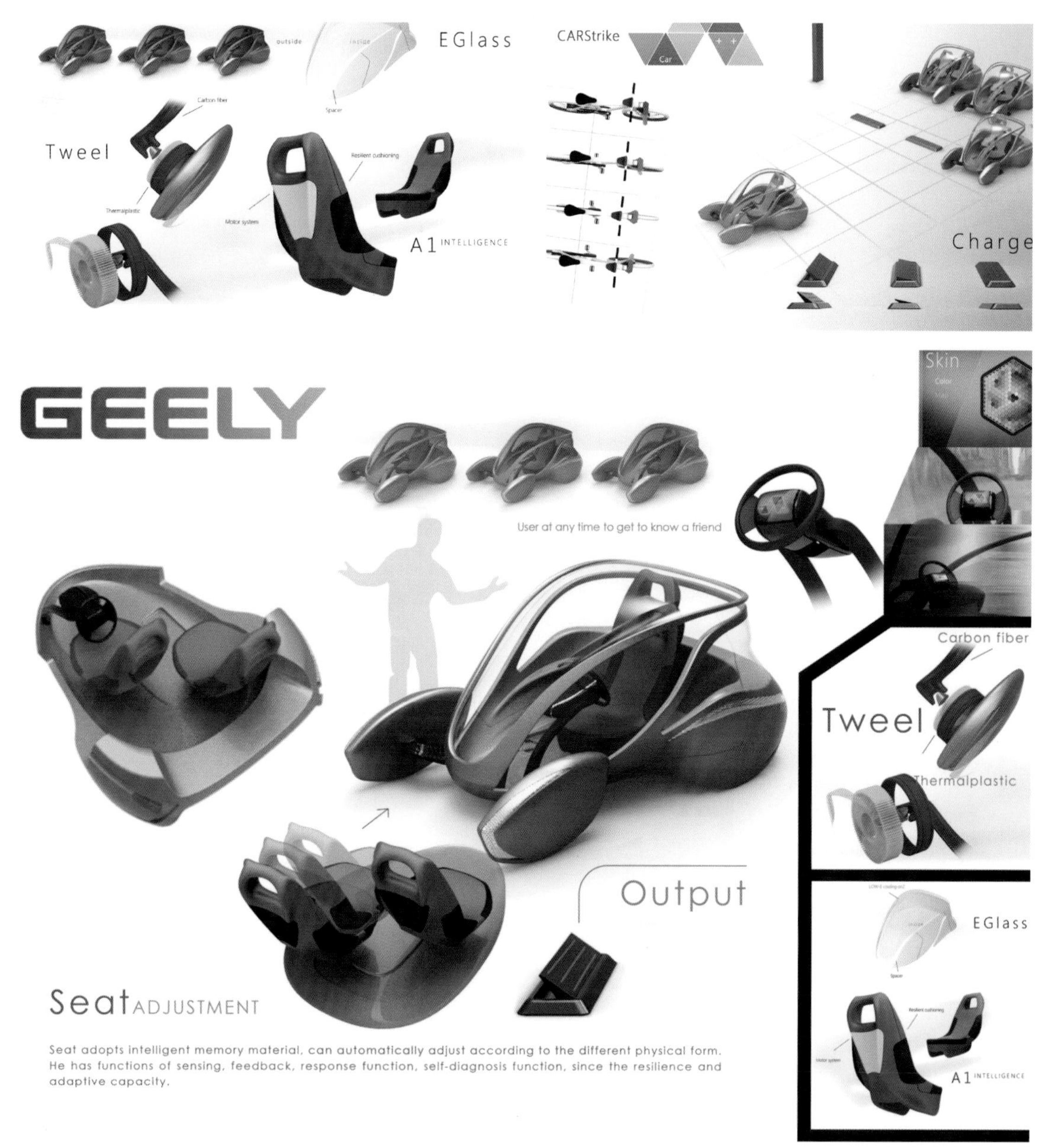

图 4.2　“4+2”混合共享出行系统 | 姜昊言　孙翠桃　彭敏　刚都，指导教师：杜海滨　丁剑

4.1.3 π(O2U2O)

设想一下，未来没有停车场，而且你的车可以为你赚钱。这个创意来源于“O2U2O 闲置效益”的经济运营模式，使车辆在静止时也可为社会所用，可变成兼职的出租车、快递车或救护车（图 4.3）。将“羊毛出在狗身上，猪来买单”的经济运营模式改为“羊毛出在猪身上，狗来薅”，不仅可以降低市场中交通工具的闲置率，而且能真正地为大多数群体带来实质性且稳定的经济收入。

【扫描二维码观看作品动画】

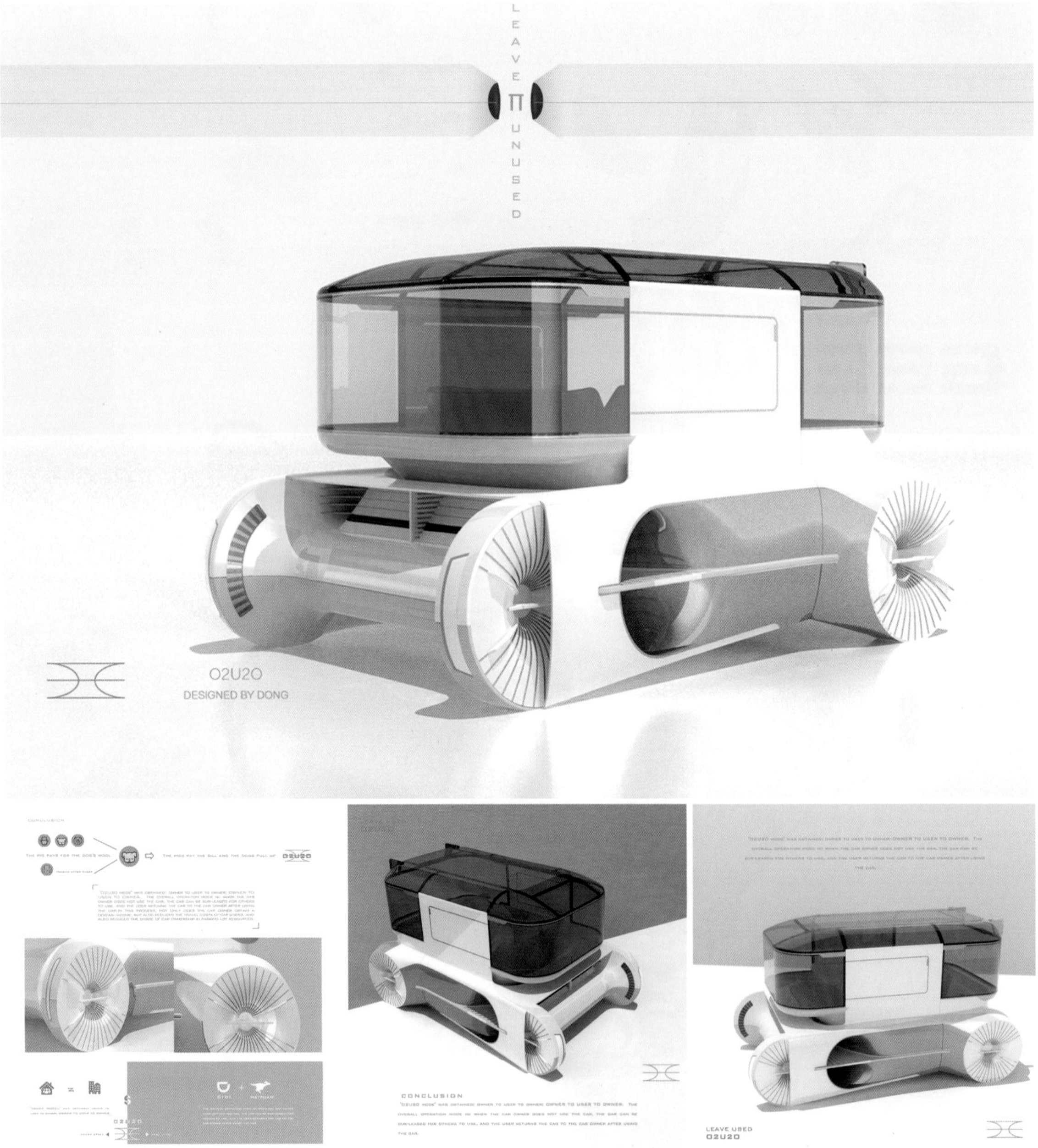

图 4.3　π（O2U2O）| 金亚东，指导教师：丁剑

4.1.4　KIA 概念物流车

这是一款拟人化的可爱的物流车（图 4.4），它拥有自适应悬挂调节系统，可以根据不同的路况智能地调整底盘离地间隙。车上模块化的储物箱可以像拉杆箱一样运送货物。车内设有先进的导航系统，可为行驶带来便利。车灯采用数码显示，可以由车主设置不同的表情主题，非常人性化。

图 4.4　KIA 概念物流车 | 陈默，指导教师：杜海滨　丁剑

4.2 具有前瞻性的交通工具创意设计

4.2.1 阿斯顿·马丁“时间旅行者”

现实的尽头往往就是幻想的起点。如果时间是一条长路，那么在这漫漫长路之中，“时间旅行者”的速度仿佛穿越了时间。它的操控得心应手，它的设计和智能系统足以让你静下心来细细品味，让生活更具有仪式感，从此与众不同(图 4.5)。

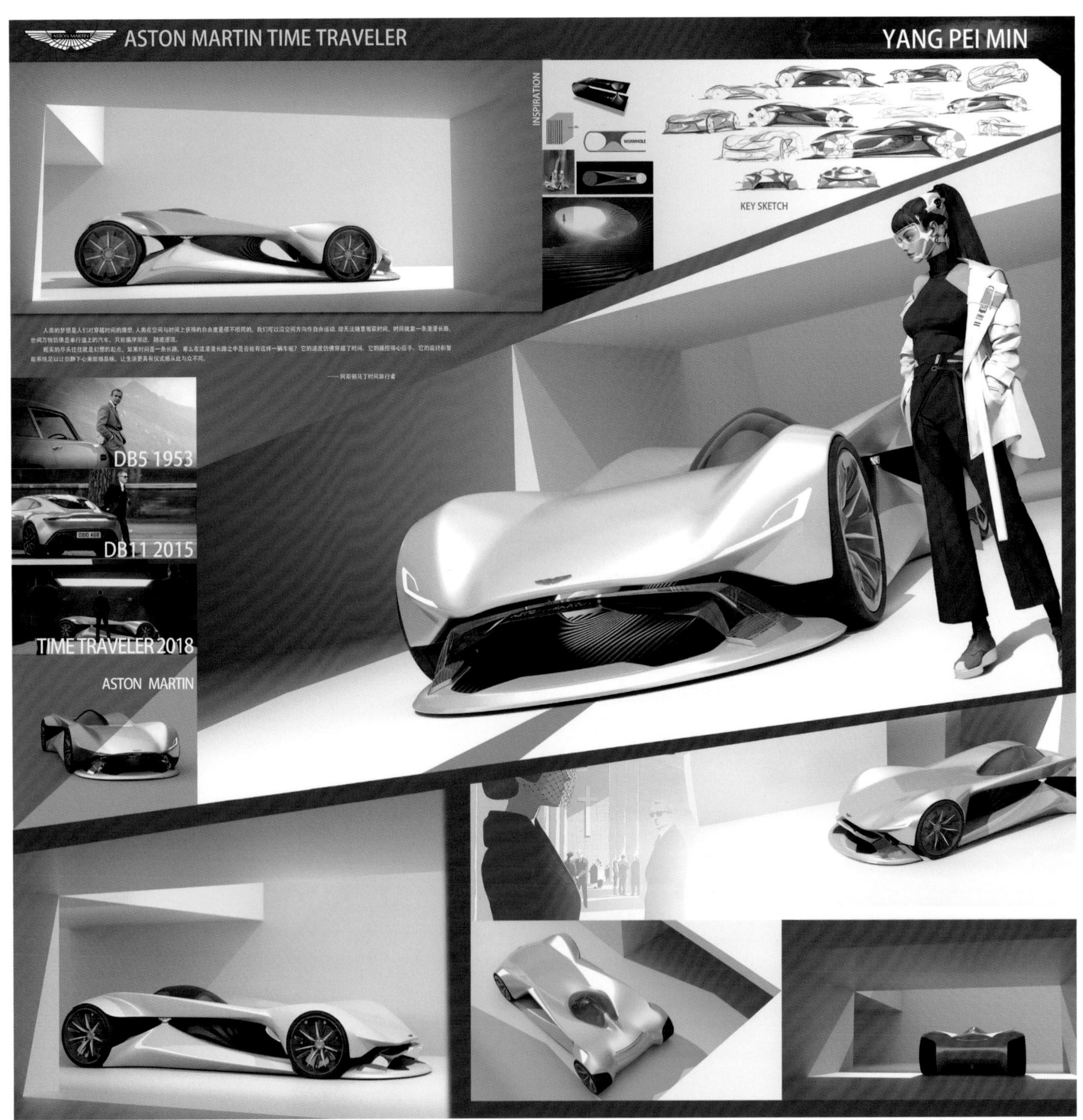

图 4.5 阿斯顿·马丁“时间旅行者” | 杨培民，指导教师：丁剑

4.2.2 玛莎拉蒂 E-VISION CONCEPT

玛莎拉蒂 E-VISION CONCEPT 的目标是打造一辆极度干净纯粹、车身高度低于 1m 的电动性能野兽（图 4.6）。它足够饱满且大的轮包可以凸显跑车的力量感及运动调性，也能塑造出更理想的姿态。贯穿车身的特征线可以突出车辆的俯冲感，也可以使车身所有的形面相互对话。轮毂的繁与车身的简形成一个鲜明的形面对比反差，使得车身的图形关系更加具有节奏感。

图 4.6　玛莎拉蒂 E-VISION CONCEPT | 李恩哲，指导教师：丁剑

4.2.3 广汽 BOW CONCEPT

设想一下，驾驶自己的座驾穿梭于太空是一种什么样的感受。广汽 BOW CONCEPT 以“弓箭”为造型语义，创造出如离弦之箭般速度感的流体雕塑形体（图 4.7）。

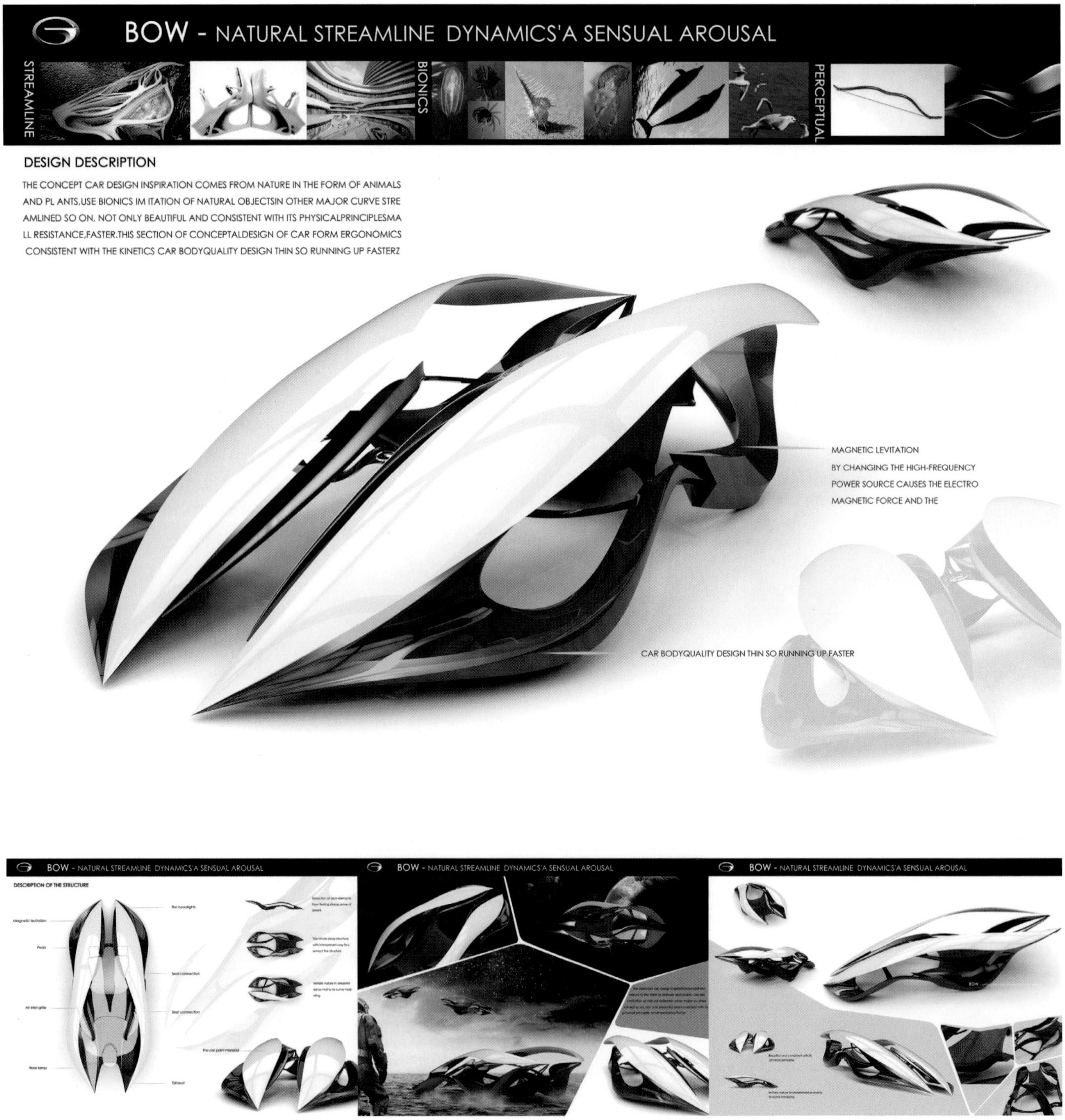

BOW - NATURAL STREAMLINE DYNAMICS'A SENSUAL AROUSAL

STREAMLINE

BIONICS

PERCEPTUAL

DESIGN DESCRIPTION

THE CONCEPT CAR DESIGN INSPIRATION COMES FROM NATURE IN THE FORM OF ANIMALS AND PL ANTS,USE BIONICS IM ITATION OF NATURAL OBJECTSIN OTHER MAJOR CURVE STRE AMLINED SO ON, NOT ONLY BEAUTIFUL AND CONSISTENT WITH ITS PHYSICALPRINCIPLESMA LL RESISTANCE,FASTER.THIS SECTION OF CONCEPTALDESIGN OF CAR FORM ERGONOMICS CONSISTENT WITH THE KINETICS CAR BODYQUALITY DESIGN THIN SO RUNNING UP FASTERZ

MAGNETIC LEVITATION
BY CHANGING THE HIGH-FREQUENCY
POWER SOURCE CAUSES THE ELECTRO
MAGNETIC FORCE AND THE

CAR BODYQUALITY DESIGN THIN SO RUNNING UP FASTER

图 4.7　广汽 BOW CONCEPT | 于雪婷，指导教师：杜海滨　丁剑

4.2.4　大众 VISION RV 2030

大众 VISION RV 2030 创造性地将交通工具的空间进行了大胆的划分，以实现多种功能和体验（图 4.8）。除此之外，整个车身根据使用需求也可以分解为不同的功能体，使得设计呈现出感性的美感和理性的权衡。

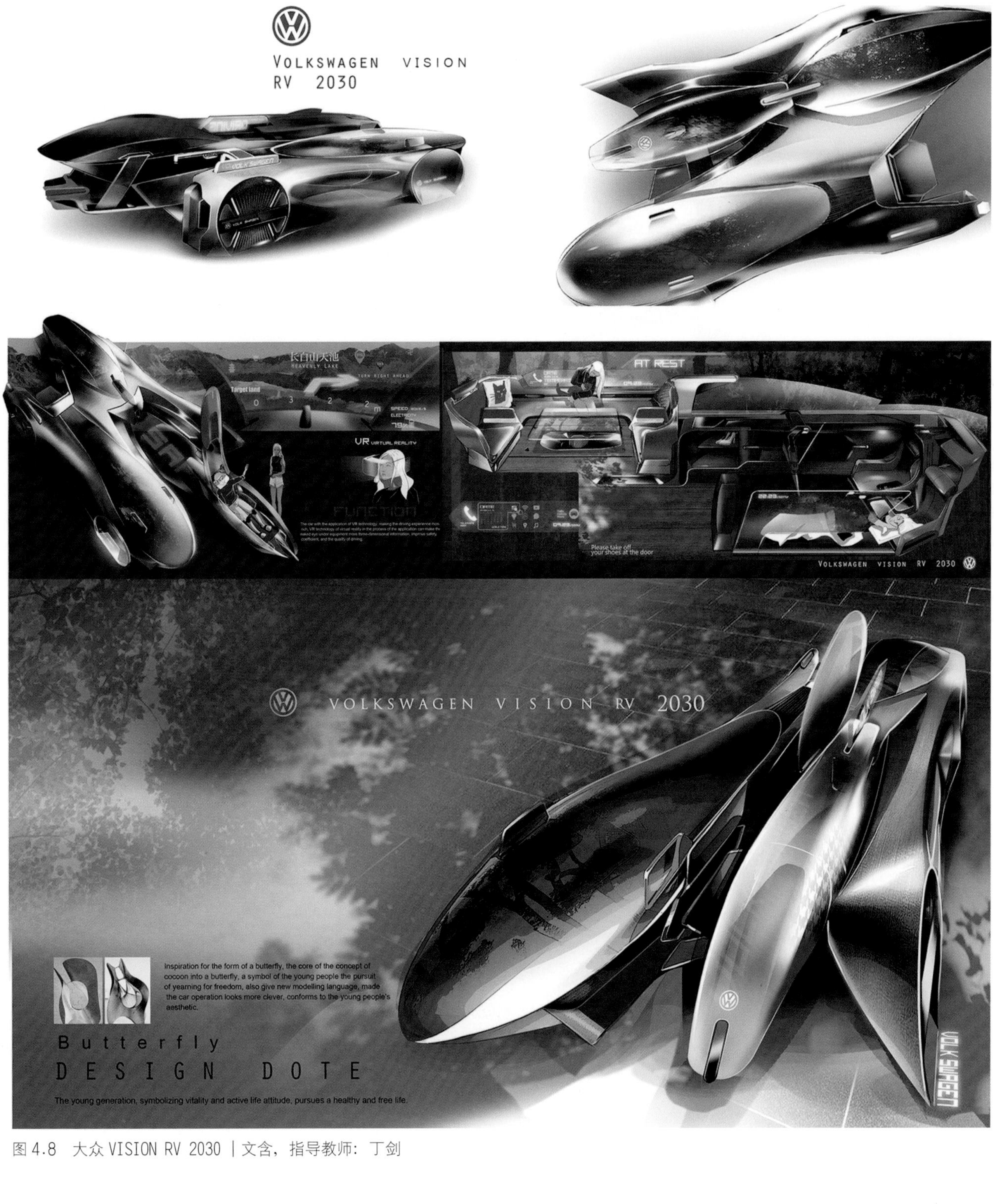

图 4.8　大众 VISION RV 2030 | 文含，指导教师：丁剑

4.2.5 英菲尼迪 PROTOTYPE ZERO

英菲尼迪 PROTOTYPE ZERO 是一款基于全新设计理念设计的全新车型（图 4.9）。ZERO 即 0，同样也意味着无，其内饰完全打破了传统布局，没有过多的设计，而使人从心底放松，带着轻松的心态出发。外饰方面则为 inside out，围绕内饰进行设计，并在多处对整车进行了致敬式的设计。

图 4.9　英菲尼迪 PROTOTYPE ZERO | 谭仁杰，指导教师：丁剑

4.2.6 稀蟀

这是一款仿生蟋蟀的电动代步工具（图 4.10），蟋蟀的神态、形态特征及物理属性都成为该设计的灵感源泉。

本章思考题

（1）你最喜欢本章中哪些作品，它们有哪些共性？

（2）谈谈哪些作品你不喜欢，以及你将如何改善它。

（3）谈谈你对人类未来出行的想象。

图 4.10　稀蟀 | 张跃，指导教师：杜海滨

第 5 章 项目课题及实习

本章要点

■ 提高理论应用水平和解决实践问题的能力。

■ 了解社会的发展现状及需求。

■ 客观、严谨地根据项目课题要求和节点安排并完成设计项目。

本章引言

随着汽车产业的不断快速发展，行业对交通工具设计人才的能力需求也在不断地发生改变并提出了更高的要求。企业和院校的合作更加频繁且多元化，校企合作已成为当下校企双方极为重视的发展机制，它可以使创意与实践相结合、理论与实际相统一，使学生更加了解社会和行业动态。我们通过鼓励和推荐学生进入企业实习，以及将企业课题导入课堂等形式，为学生提供更多“学做融合”的机会；同时，结合“双师制”的教学形式，为教学提供更加全面、真实、有效的助力。本章选取了一些具有代表性的学生进厂实习、在国外进修时的项目作品，以及企业项目进课堂的优秀案例进行展示和解析。

5.1 丰田 K-CAR 设计项目

实习企业：上海丰田（中国汽车工程学会造型专业学组汽车设计师职前培育活动）
设计者：冯一凡
企业导师：拉斐尔·扎米德(Raphael Zammit)
院校导师：丁剑
项目背景：通过造型专业学组的全国选拔，冯一凡通过严格的筛选进入培育活动中的丰田项目组。

项目的目标和任务：日本社会老龄化严重，社会带给年轻人的压力不断增大，导致日本年轻人产生了外表与内心需求的强烈反差，本项目试图通过“温暖生命”的设计元素去安抚日本年轻汽车用户的心灵，让 K-CAR 实现新的社会价值（图 5.1、图 5.2）。

TOYOTA
2025

SMALL
AUTOPILOT
HOUSEHOLD
EV

SMALL PROFILE
≠
SMALL INTERNAL SPACES

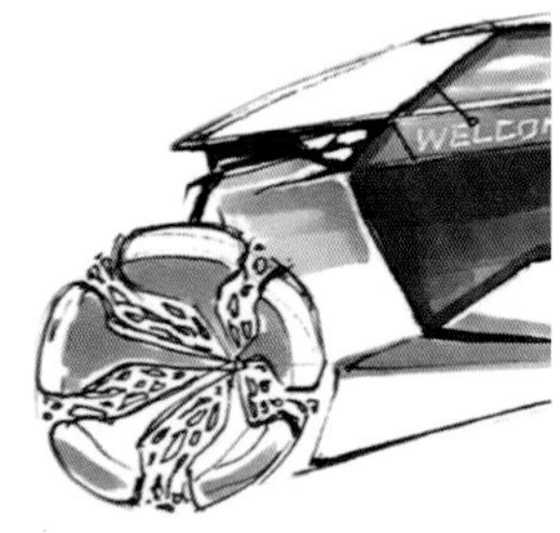

Feng Yifan

Research

STRANGE
INSIDE
OUTSIDE

CONCEPT

AUTOPILOT HOUSEHOLD EV

TOUGH LOOKING
BUT
MILD IN NATURE

THE STRANGE
AND
CROWDED STREETS OF
TOKYO

TARGET USERS
YOUNG PEOPLE ENTERING SOCIETY
JUNIOR CANDIDATES
22～30 YEARS OLD
OFFICE WORKER

2017 CHINA COLLEGE CAR DESIGN WORKSHOP
SAE CHINA DESIGN GROUP

INSPIRATIONAL

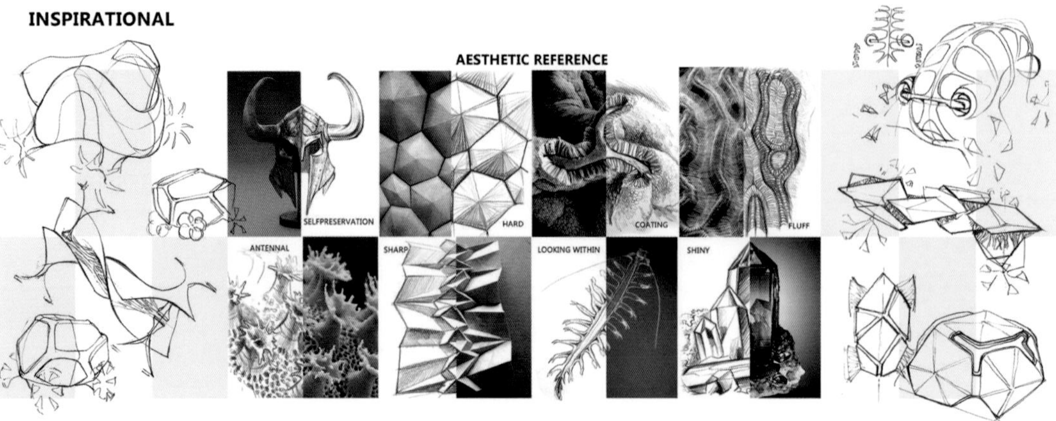

2017 CHINA COLLEGE CAR DESIGN WORKSHOP
SAE CHINA DESIGN GROUP

图 5.1 丰田 K-CAR 设计调研

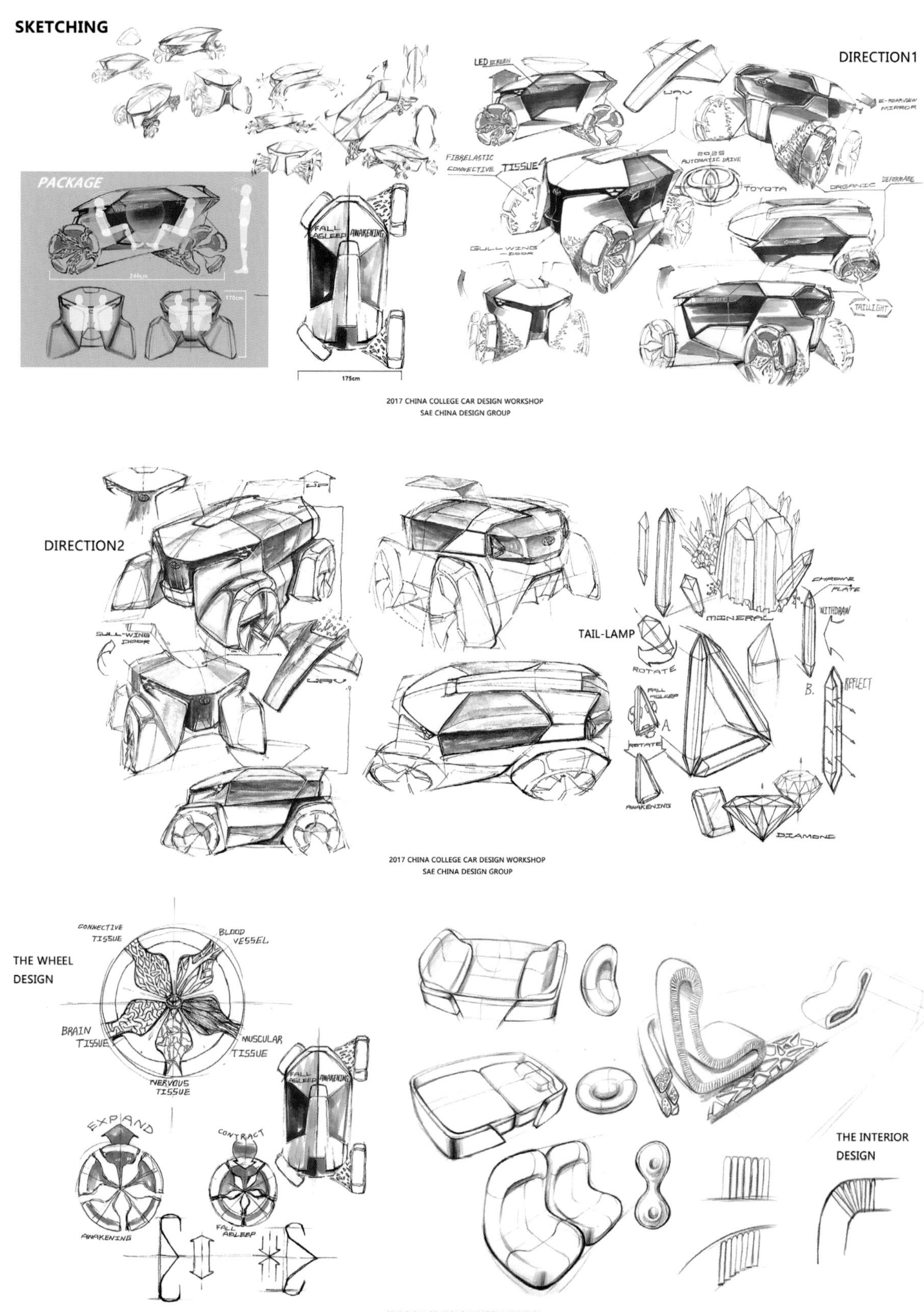

图 5.2　丰田 K-CAR 设计草图

5.2 雪佛兰 Chord 2035 项目

实习企业：上海通用泛亚汽车技术中心
设计者：乔轶博
企业导师：刘心一（通用泛亚）
院校导师：丁剑
项目背景：以 ICCG 大赛任务为背景，与通用泛亚开展学生入场实习形式的产、学、研合作探索。

项目的目标和任务：在古代，当人们第一次骑上野马并将其作为骑乘载具时，就开始了探索世界的旅程。此时的载具更像是人们自由精神的践行体，当徒步无法到达更远的地方时，载具就可以载人探索世界上每一处未知。在 1886 年卡尔·本茨发明了现代汽车架构后，人们就从骑乘转为驾驶。快速发展的文明社会、两点一线的生活、重复乏味的娱乐，现代城市逐渐变成了困住人们的牢笼，更是人们麻木自我的枷锁。在 2035 年 Suburban 发布的 100 周年之际，Chord（可译为“和弦”）将重新定义全功能车型，将全功能上升为全情感，以帮助人们探索另一个自己。它虽然行驶在城市中，但能让人体验到强烈的驾驶体验，回归到原始的野性，重新发掘自己的探索精神，释放出精神世界中的白马，使这种经历成为生活中一段有趣的和弦（图 5.3）。

图 5.3 雪佛兰 Chord 2035

5.3　雪佛兰 2050 极限运动竞速车项目

实习企业：上海通用泛亚汽车技术中心
设计者：孙一鸣（鲁迅美术学院）　魏有晟（湖南大学）　刘佳馨（华中科技大学）
企业导师：杨龙佰　刘佳新　钟潜程
院校导师：丁剑（鲁迅美术学院）　赵丹华（湖南大学）　曹颖（华中科技大学）

项目背景：以 ICCG 大赛任务为背景，与通用泛亚开展学生入场实习形式的产、学、研合作探索。

项目的目标和任务：通过探究未来世界概念和未来开拓者的精神，重新定义中国市场，探索“以人为中心”的未来人类需求，总结并发掘具有雪佛兰开拓者品牌精神的 2050 年世界观车型（图 5.4）。

【扫描二维码观看作品动画】

图 5.4　雪佛兰 Chord 2050 极速运动竞速车

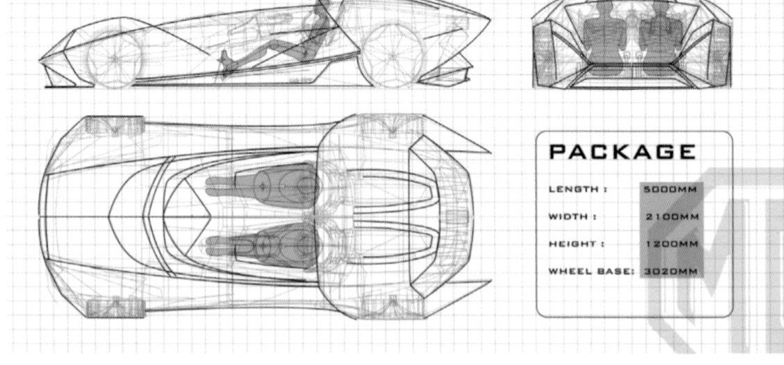

图 5.5　上汽 MG E-RACING 设计项目(1)

5.4　上汽 MG E-RACING

实习企业：上汽乘用车设计中心

设计者：田卓远

企业导师：孙嘉翼

院校导师：丁剑

项目背景：2020 年，感性美学席卷全球，全球车市竞争格局正在加速演变。答案在于，汽车将以怎样的形象引领新时代的“国际范”？挖掘名爵百年沉淀的精髓，设计一款可以成为“席卷全球”的明日爆款车型，引领全球汽车设计美学“新腔调”。

项目的目标和任务：以“赛博朋克”为设计源点，打造名爵人车合一的驾控感受，用前卫的视觉感受征服年轻前卫的消费人群(图 5.5、图 5.6)。

图 5.6　上汽 MG E-RACING 设计项目(2)

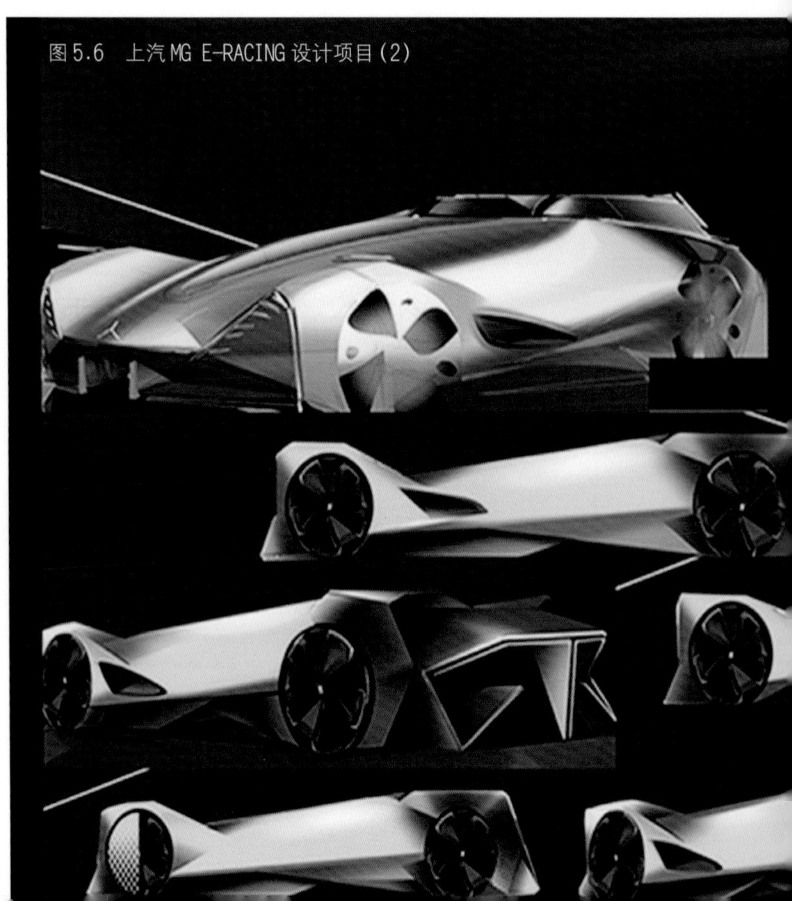

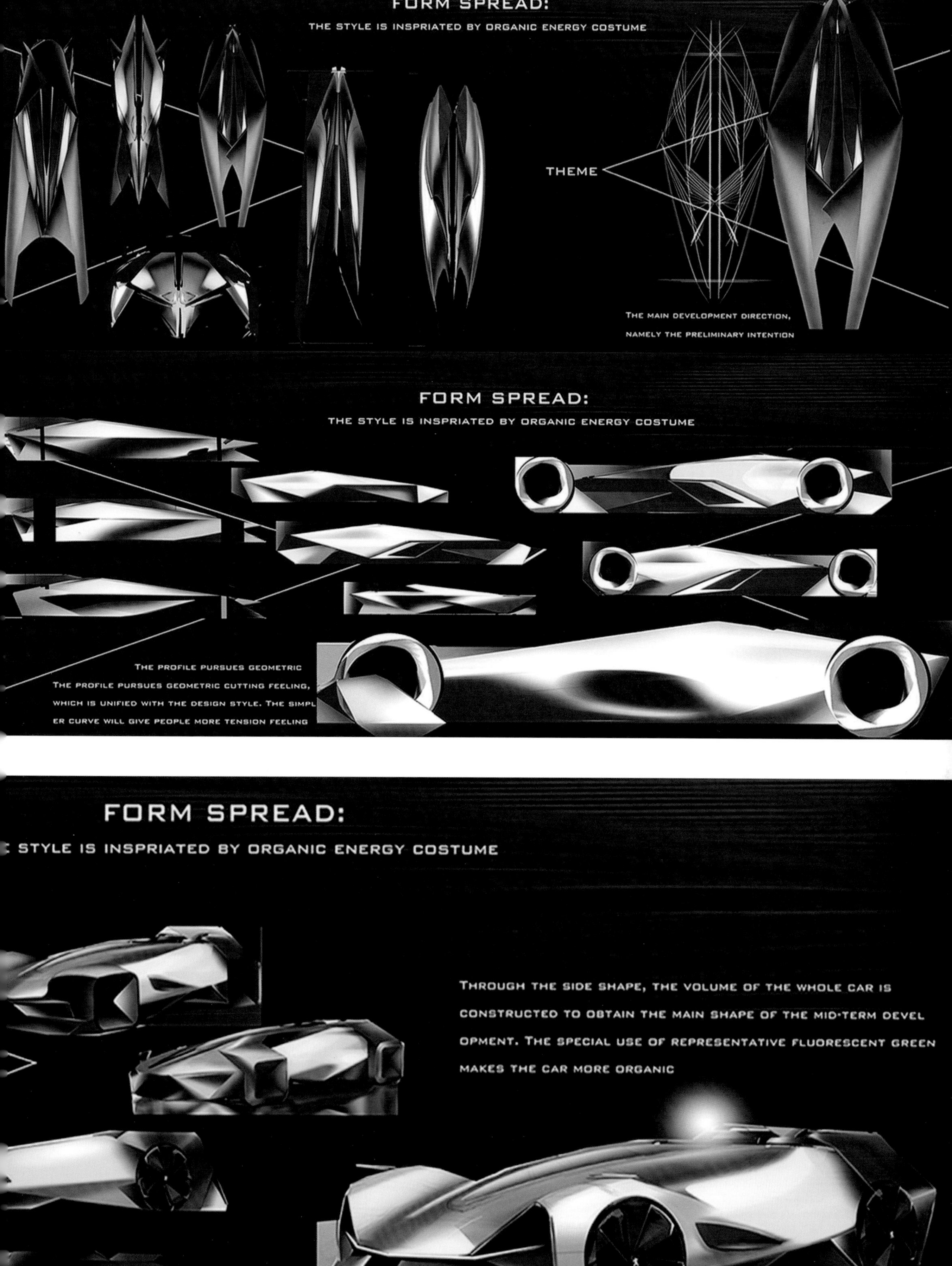
FORM SPREAD:
THE STYLE IS INSPRIATED BY ORGANIC ENERGY COSTUME
THEME
THE MAIN DEVELOPMENT DIRECTION,
NAMELY THE PRELIMINARY INTENTION
FORM SPREAD:
THE STYLE IS INSPRIATED BY ORGANIC ENERGY COSTUME
THE PROFILE PURSUES GEOMETRIC
THE PROFILE PURSUES GEOMETRIC CUTTING FEELING,
WHICH IS UNIFIED WITH THE DESIGN STYLE. THE SIMPL
ER CURVE WILL GIVE PEOPLE MORE TENSION FEELING
FORM SPREAD:
STYLE IS INSPRIATED BY ORGANIC ENERGY COSTUME
THROUGH THE SIDE SHAPE, THE VOLUME OF THE WHOLE CAR IS
CONSTRUCTED TO OBTAIN THE MAIN SHAPE OF THE MID-TERM DEVEL
OPMENT. THE SPECIAL USE OF REPRESENTATIVE FLUORESCENT GREEN
MAKES THE CAR MORE ORGANIC

5.5 上汽 MG 2030

实习企业：上汽乘用车设计中心
设计者：张群
企业导师：李卉
院校导师：丁剑
项目背景：2020 年，感性美学席卷全球，全球车市竞争格局正在加速演变。汽车将以怎样的形象引领新时代的“国际范”？答案在于，挖掘名爵百年沉淀的精髓，设计一款可以成为“席卷全球”的明日爆款车型，引领全球汽车设计美学“新腔调”。

项目的目标和任务：如折纸工艺一般简洁耐看，创造一种基于“赛博朋克”又富有北欧简约美感，并兼顾家用和驾控感受的跨界座驾（图 5.7、图 5.8）。

设计过程　草图发散

• INSPIRATION

IT IS ENVISAGED THAT IN 2030, THE INTERNATIONAL TREND WILL BE IN THE DIRECTION OF CYBERPUNK. THIS VEHICLE IS DESIGNED IN THIS CONTEXT. THE INSPIRATION OF DESIGN IS TO COLLIDE WITH GEOMETRIC DESIGN ELEMENTS THROUGH MECHANICAL AND SIMPLE FACES. THE PURSUIT OF YOUNG PEOPLE'S PERSONALITY

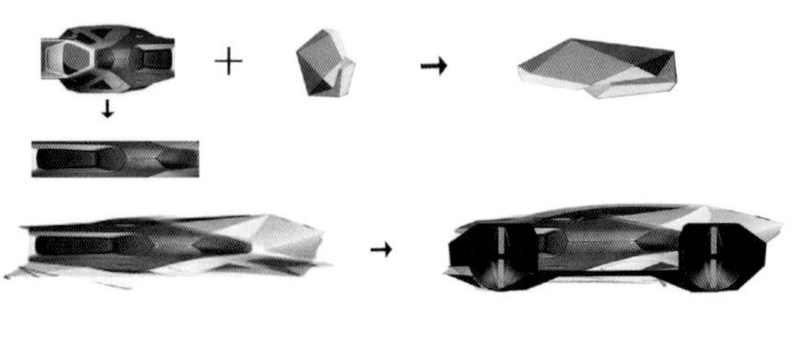

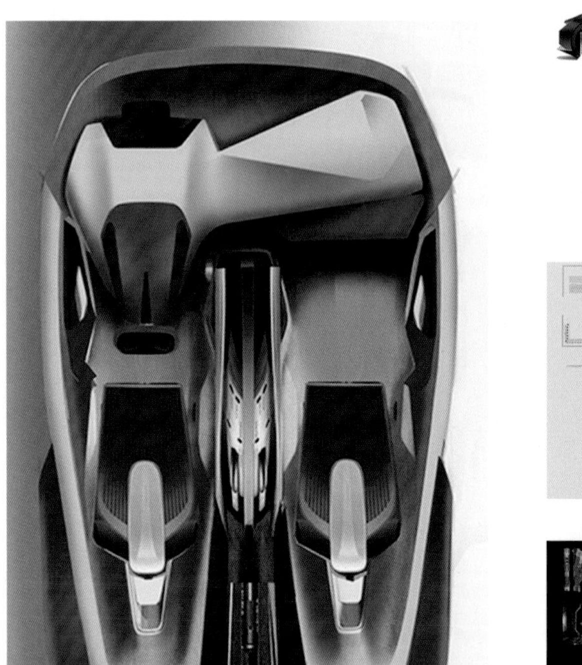

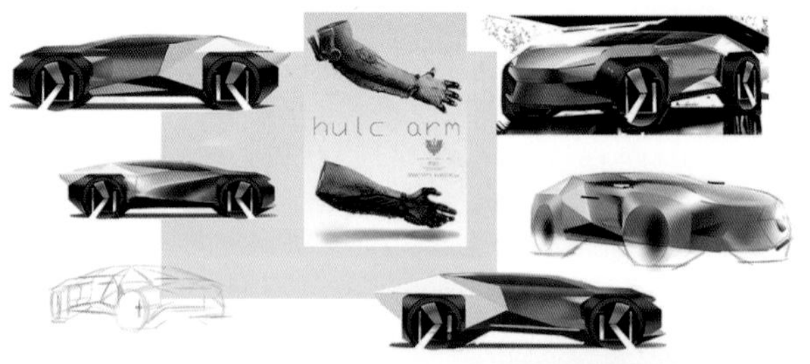

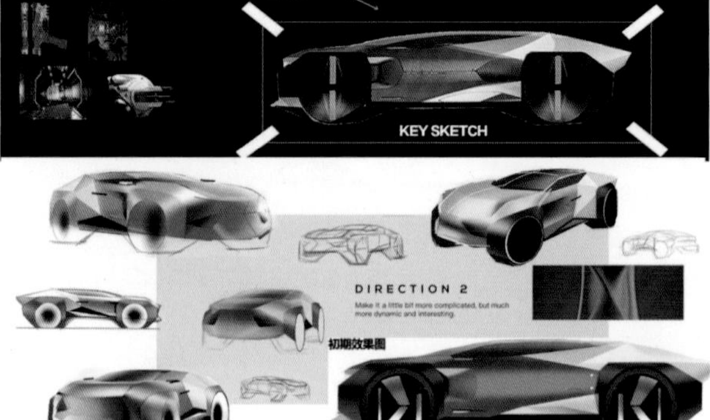

图 5.7　上汽 MG 2030 设计项目（1）

图 5.8　上汽 MG 2030 设计项目(2)

PART-6 Model
Digital model
Model entity
making process
diagram

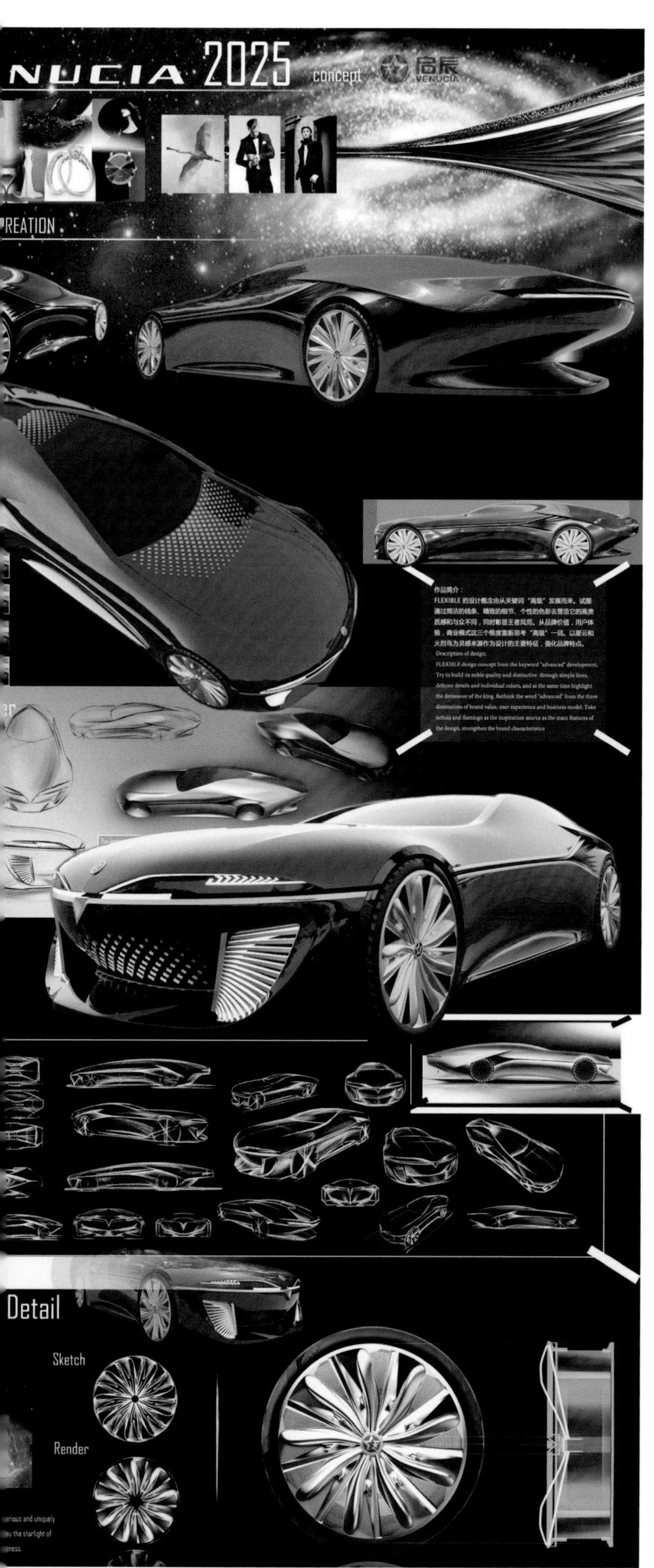

5.6　东风启辰 VENUCIA-FLEXIBLE 2025

实习企业：广州东风启辰
设计者：邢雯
指导教师：丁剑
项目背景：VENUCIA-FLEXIBLE 2025 是邢雯在东风启辰设计中心所做的实习项目，并成为她的毕业设计作品。

项目的目标和任务：东风启辰 VENUCIA-FLEXIBLE 2025 是一种移动出行的“新物种”，灵感源于一次和偶像擦肩而过后的回眸，在设计之初期望将这种感觉传达给观者，使人过目不忘。它犹如超模的走秀一般，在万众瞩目下享受只属于自己的 T 台，散发出强大的气场。

灵感源于“火烈鸟”羽毛的前脸，象征自由和高贵。侧面精致的贵金属饰件呼应了“火烈鸟”羽翼的设计语言，贯穿整个车体，并通过参数化的前中网等细节设计营造出科技感和高级感（图 5.9）。

图 5.9　东风启辰 VENUCIA-FLEXIBLE 2025

5.7 ACURA-WING 2035

实习企业：广州本田（中国）
设计者：隋国皓
指导教师：丁剑
项目背景：该设计是隋国皓在广州本田（中国）设计中心所做的实习项目，并成为他的毕业设计作品。

项目的目标和任务：像鸟儿一样在空中自由翱翔是很多人的梦想，ACURA-WING 2035 可以为你带来如“翼装飞行”般的新奇驾乘体验，犹如一场冒险。它的造型新颖、独特，具有很强的视觉冲击和造型美感。新技术和参数化设计的加入使作品彰显出前沿的时代风貌和创新精神，为人们未来的出行提供了一份奇幻而激情的创想（图 5.10）。

【扫描二维码
观看作品动画】

图 5.10　ACURA-WING 2035

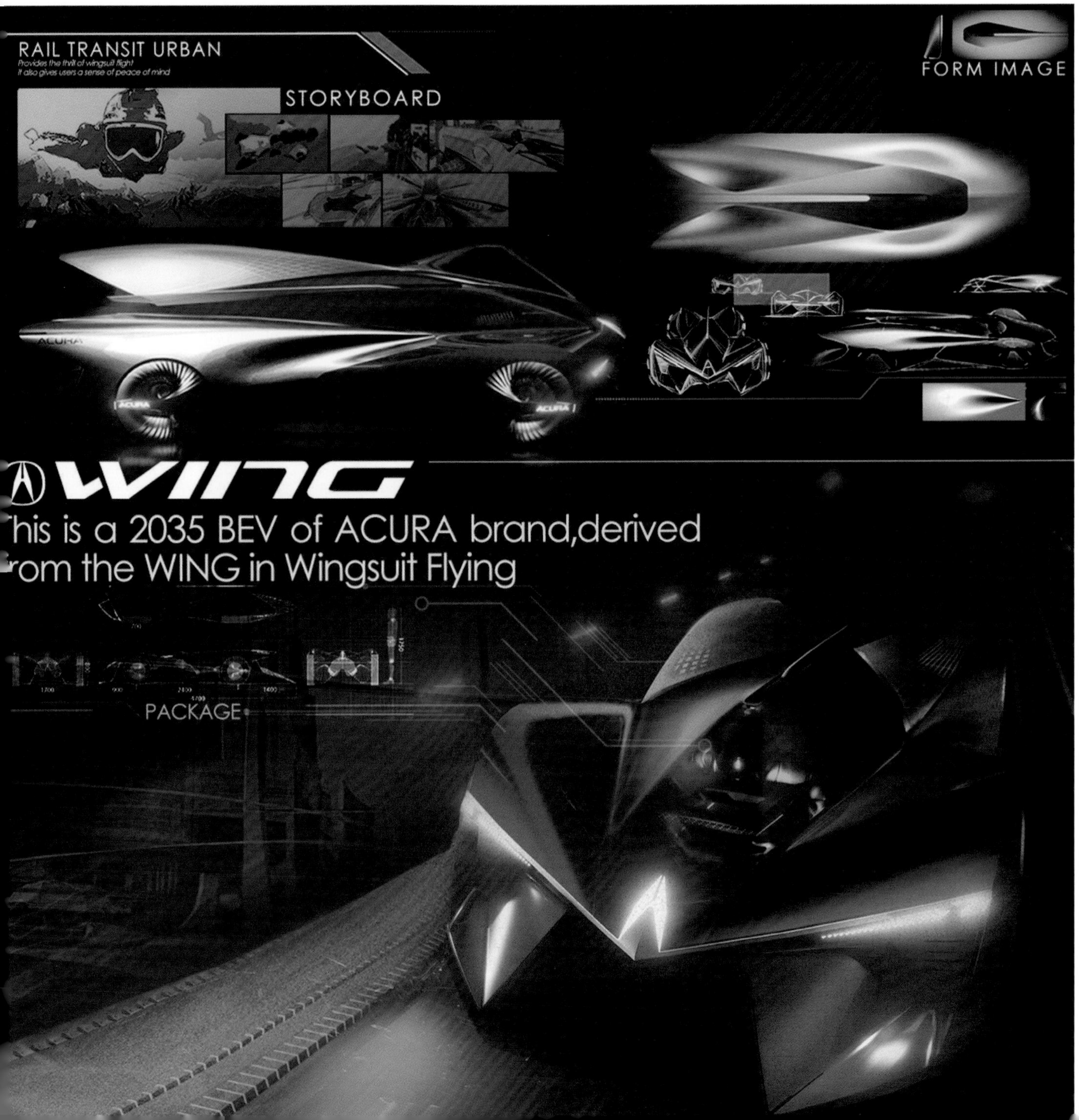

RAIL TRANSIT URBAN
Provides the thrill of wingsuit flight
It also gives users a sense of peace of mind
STORYBOARD
FORM IMAGE
WING
his is a 2035 BEV of ACURA brand,derived
rom the WING in Wingsuit Flying
PACKAGE

5.8 北汽“月球中秋计划”项目

实习企业：北京汽车
设计者：张文彦
指导教师：丁剑
项目背景：通过造型专业学组的全国选拔，张文彦通过严格的筛选进入培育活动中的北汽项目组。

【扫描二维码查看项目详情】

项目的目标和任务：月亮是中秋节的寓情之物，迁客骚人赋予了月亮众多美好的幻想。神秘的月球令人着迷，吸引着众多国家的月球粉丝乐此不疲地加入探月俱乐部。设想在2051年，北汽集团推出“月球中秋计划”项目，使人们可以在月球上度过中秋，亲身领略月球的自然风光，并视角对换来观赏地球。该设计带来一种全新的体验与深刻的思考（图5.11）。

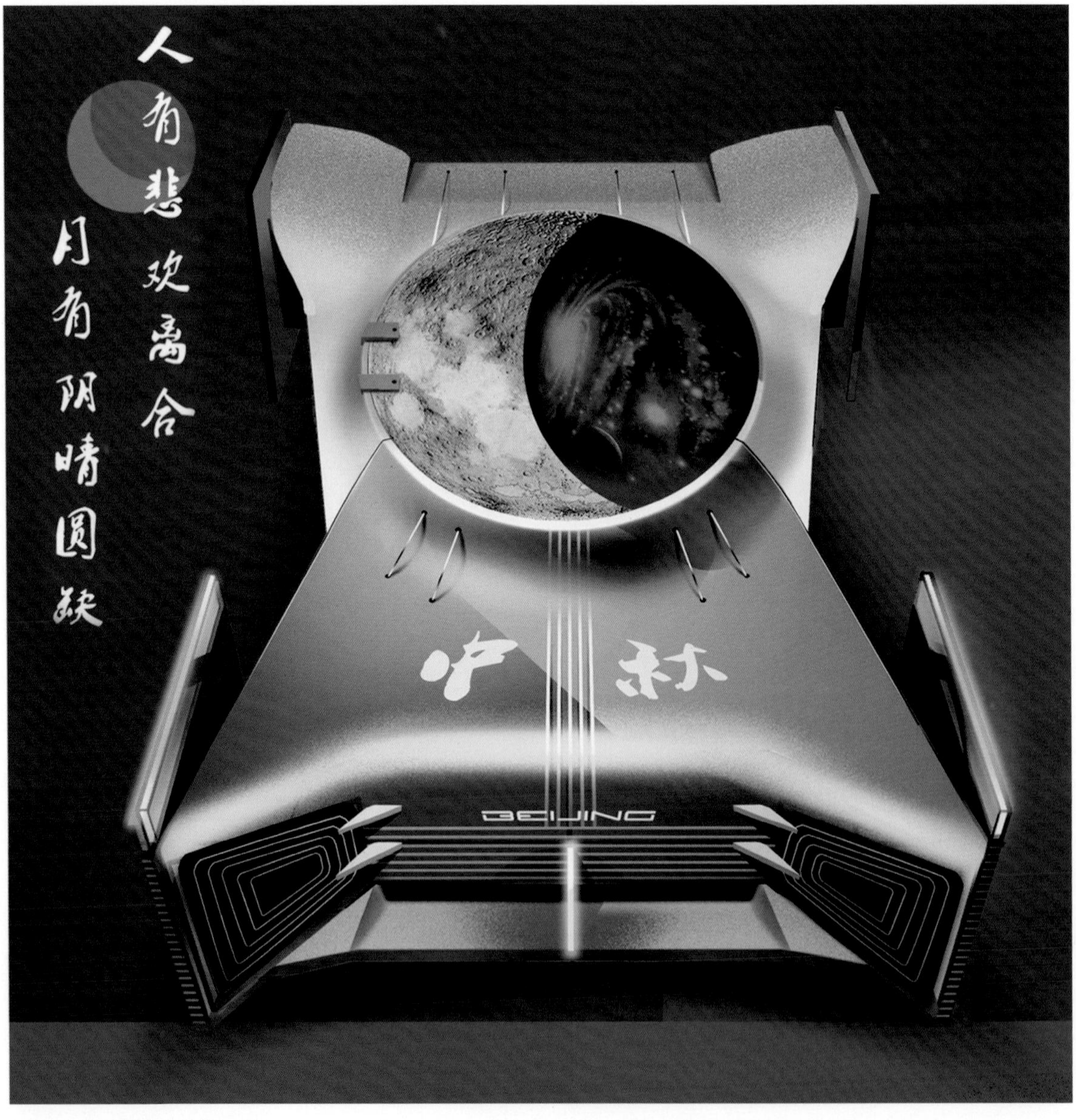

图5.11 “月球中秋计划”项目

5.9 通用别克 Wildcat 2035 项目

项目背景：ACCD 第 8 学期毕业设计作品

设计者：杨龙佰（上海通用泛亚汽车技术中心外饰创意设计经理 / 鲁迅美术学院 2012 届毕业生）

指导教师：Jason Hill & Marek Djordjevic

项目的目标和任务：本届 ACCD 毕业设计为开放主题，所以设计者选择了通用别克品牌，品牌标语是“科技为人，重新移动自由”。现在城市面临最大的问题就是交通堵塞和太多的资源浪费，所以分享汽车将是未来的趋势，同时人们需要在繁忙的工作中寻找激情，需要有个人的独立空间。主题为 2035 年的“别克野猫”，命名来源于 1985 年的别克跑车。目前汽车行业正面临改革，设计者对未来汽车的预测是无人驾驶的共享汽车为主导，同时还会有很多年轻人、爱冒险的人想体验有驾驶乐趣的跑车。所以，设计者思考的问题是怎样能把共享和驾驶乐趣更有效地结合起来（图 5.12、图 5.13）。

MARKET POSITIONING

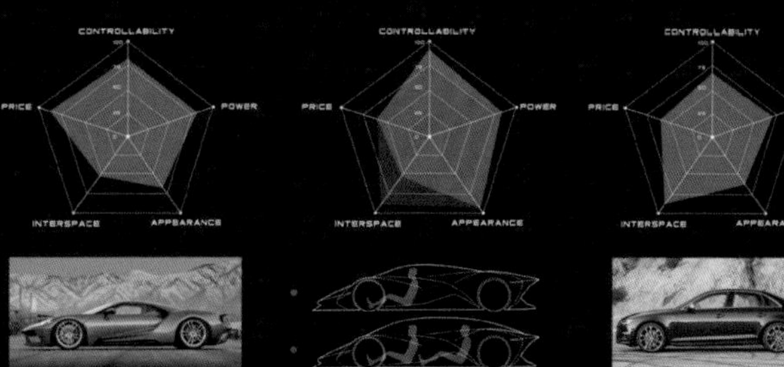

FORT GT
- A GOOD POWER SYSTEM
- HIGH PRICE
- SMALL INTERSPACE

BUICK WILDCAT/MILDCAT
- LOWER PRICE
- MORE INTERSPACE (MILDCAT)
- BETTER DRIVING EXPERIENCE
- GOOD APPEARANCE

AUDI A4
- LOWER PRICES
- LOWER CONTROLLABILITY
- COMMON APPEARANCE

BRAND VALUES

DEFINITION

// URBAN TRAFFIC CROWD
// WASTE OF RESOURCES
// SHARING CHASSIS

BUICK WILDCAT 1985

2035 BUICK WILDCAT

// LOOKING FOR PASSION IN A DULL WORKING LIFE
// PRIVATE SPACE

DESIGNIN INSPIRATION

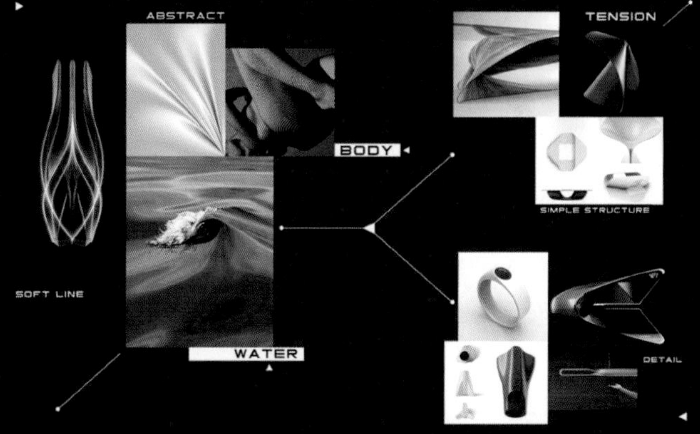

TARGET CUSTOMER GROUP

SHANGHAI
ABUSY AND CROWDED CITY

BUSINESS, FINANCIAL INDUSTRY
THE PRESSURE OF LIVING IN URBAN WORK

HIGH INTENSITY WORK EVERY DAY, OFTEN NEED TO GO TO BEIJING, SHENZHEN AND OTHER CITIES ON BUSINESS. UNDER PHYSICAL AND MENTAL STRESS, IT IS VERY NECESSARY TO RELEASE HIMSELF AND VENT EMOTIONS .
BECAUSE THE ROAD TAKES 5 TO 10 HOURS' DRIVE, IT WILL PASS THROUGH A LOT OF HIGHWAYS THAT CAN BE USED TO EXPERIENCE DRIVING FUN AND TO HAVE THEIR OWN INDEPENDENT SPACE TO REST IN THE AUTOPILOT MODE.

VISUAL

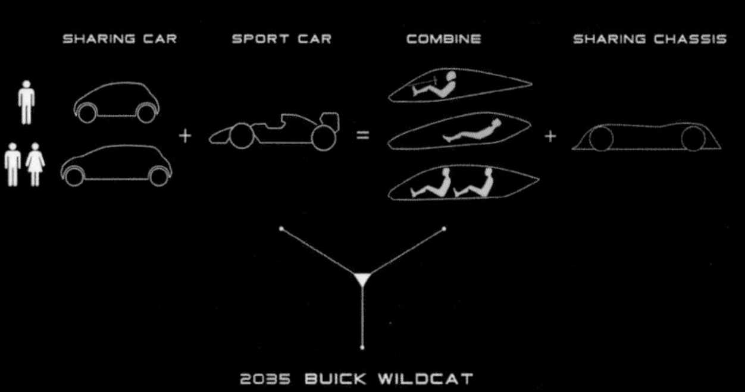

图 5.12 通用别克 Wildcat 2035 前期调研 (1)

PACKAGE

FERRARI F50 2 Seater Coupe
5.0 liter V12 Mid Engine (longitudinal) - RWD

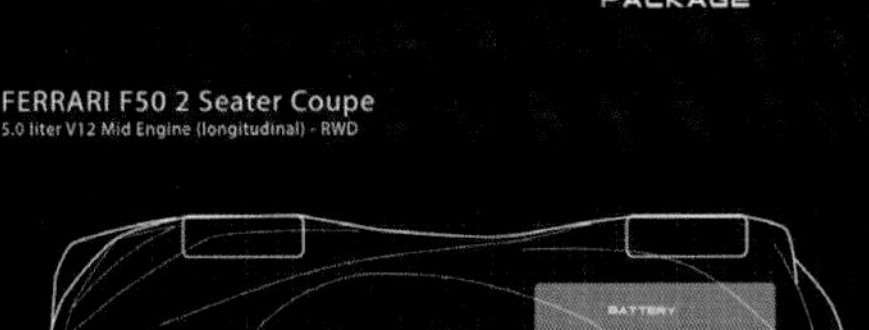

EXTERIOR HARDPOINTS

Length	4480	5200
Width	1985	2000
Height	1120	1020
Wheel Base	2580	2880
Frt Track	1620	
Rr Track	1600	
Max. Tire Size	245/35 R18 frt 335/30 R18 rr	

PROGRESS

VISUAL

SHARING CHASSIS

A WILDCAT
ONE PEOPLE • CARGO
ENJOY DRIVE

B MILDCAT
ONE PEOPLE • GOOD REST
AUTOMATIC DRIVE

C MILDCAT
TWO PEOPLE
1. INTERACTION
2. DRIVE • REST

2035 WILDCAT

DIMENSIONS

EXTERIOR HARDPOINTS

Length	4920
Width	2000
Height	1170
Wheel Base	2890
Frt Track	1630
Rr Track	1610
Max. Tire Size	295/40 R23 frt 355/40 R23 rr

BENCHMARK

FERRARI F50 2 Seater Coupe
5.0 liter V12 Mid Engine (longitudinal) - RWD

EXTERIOR HARDPOINTS

Length	4480
Width	1985
Height	1120
Wheel Base	2580
Frt Track	1620
Rr Track	1600
Max. Tire Size	245/35 R18 frt 335/30 R18 rr

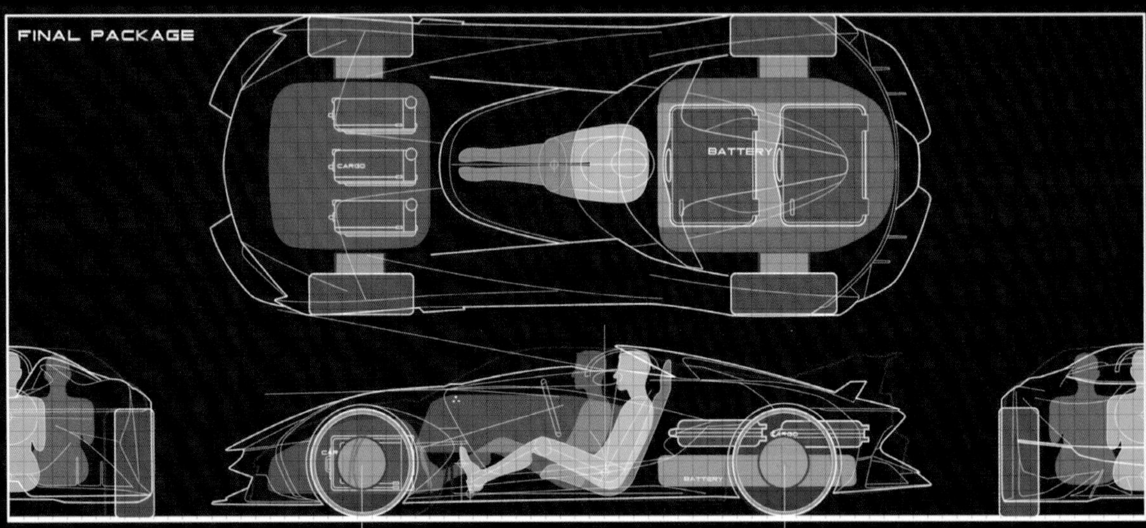

FAMILY POSITIONING

In 2035, Shanghai will become one of the most prosperous city, intelligent and modern city in the world. Due to the high popular of automatic driving, people do not need to worry about traffic accidents . At the same time, a lot of young people want to have their own independent space.

图 5.13　通用别克 Wildcat 2035 前期调研(2)

本章思考题

(1) 分别评价本章中你喜欢和不喜欢的作品。

(2) 通过本章中作品你可以解读出各品牌不同的风格或理论吗?

(3) 未来你可能去哪个品牌效力，为什么?

第 6 章 参赛作品与毕业设计

本章要点

- 解读好的设计的内在共性。
- 总结视觉美感的形成规律。
- 学习好的设计表现手段及排版方法。
- 学习系统性的设计思维。

本章引言

本章对鲁迅美术学院工业设计学院交通工具设计专业师生的参赛作品，以及具有代表性的学生毕业设计作品进行了展示和解读。之所以将这两部分内容整理到一起，是因为交通工具设计专业非常重视实践教学，常常在毕业设计中引入大赛题目或产、学、研课题。所以，本章中很多作品既是参赛作品，又是毕业设计。大赛和毕设是一个学科教学成果的集中展现，从中可以看到不同院校在教学上的不同理解和侧重。通过本章内容学习，我们希望为读者认识设计比赛和毕业设计提供一个方向性的引导。

6.1 邮来邮去 Post Fish

获得奖项：2017 意大利 A'DESIGN AWARD 全球金奖
设计者：丁剑　杜海滨　杜班　李征

邮来邮去 Post Fish 可以像鱼游水中一样穿梭于城市的大街小巷，通过分体设计实现快递员送货、无人机送货上门和用户自提 3 种服务模式。在配送前，货物在智能货站已被机器人智能分拣完毕，等待快递车收件后高效精准派送。该设计可解决传统配送车非专属设计制造所带来的安全性、效率性、利用率、体验感不佳等痛点，使配送成为一道美丽的城市风景（图 6.1、图 6.2）。

图 6.1　邮来邮去 Post Fish

【扫描二维码
观看作品动画】

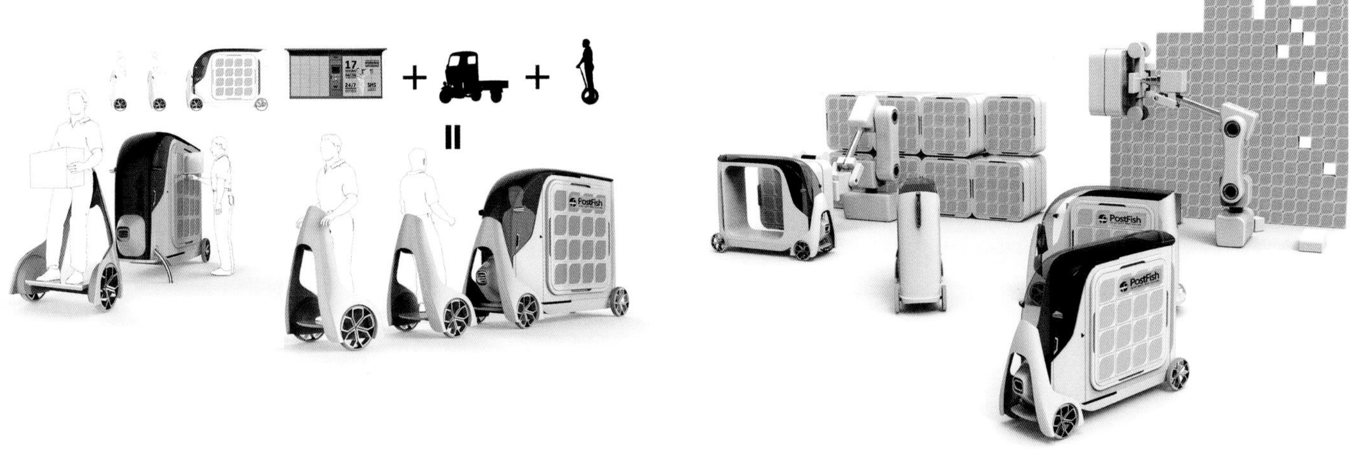

图6.2　邮来邮去Post Fish功能演示

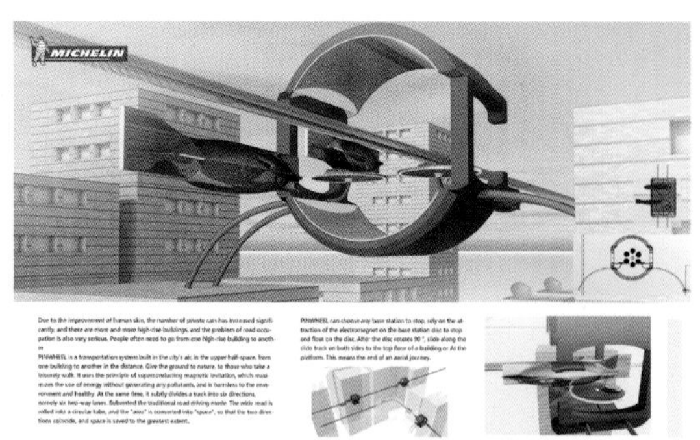

图 6.3 PINWHEEL (1)

6.2 PINWHEEL

获得奖项：2020 米其林设计挑战赛最佳评委奖
设计者：乔轶博　李心怡
指导教师：丁剑

PINWHEEL 是一种立体交通系统，建在城市的半空中，将交通网络提升至高层建筑之间，具有完整的轨道、基站与行驶逻辑，把地面完全还给行人，让行人自如地漫游去享受自然。它利用超导磁悬浮的原理，在不产生任何污染物的情况下，最大限度地利用城市空间资源。同时，它巧妙地将一条轨道分为 6 条双向车道，颠覆了传统道路行车模式，只需旋转就能完成会车与超车。宽阔的道路被卷成圆管状，将“二维区域”转换为“三维空间”，可以最大限度地节省空间（图 6.3、图 6.4）。

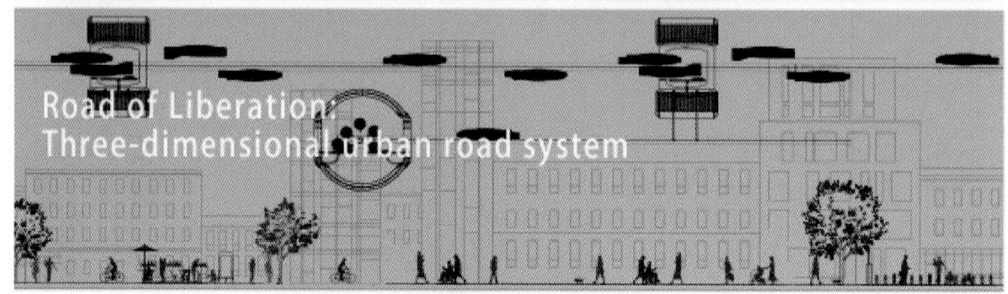

Pedestrian range　Motor vehicle driving range　Three-dimensional urban road system　Pedestrian range　Motor vehicle driving range

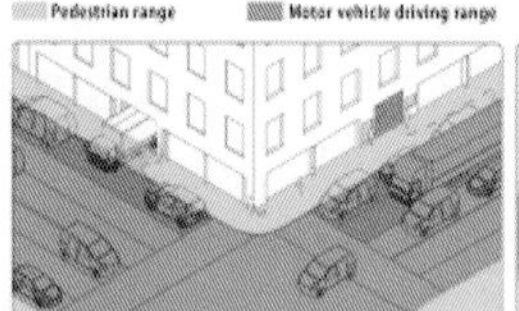

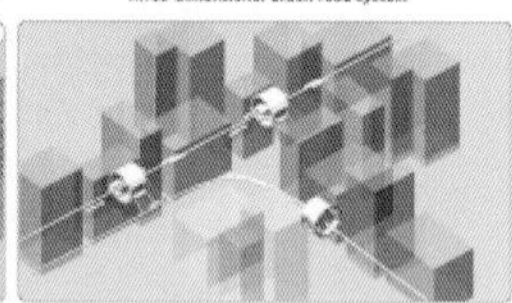

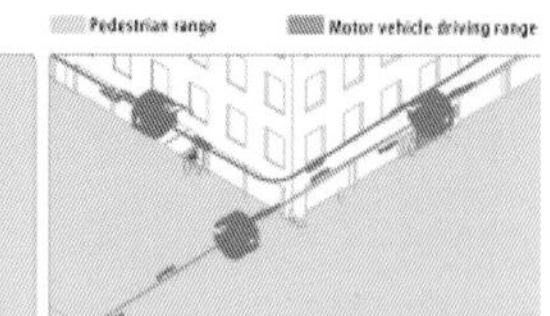

With the continuous development of the existing urban road system,
the roads continue to expand,and the range of pedestrian activity is constantly being compressed.
Every year, a large number of pedestrians die in traffic accidents, and the contradiction between pedestrians and vehicles is becoming increasingly fierce.

The single track is divided into six directions, which are six two-way lanes. Subverted the traditional road driving mode.
The broad road is rolled into a circular tube, and the "area" is transformed into "space", so that the two directions coincide. Minimize space and reduce consumption.

Moving the motor vehicle road system to the upper level and returning the ground to pedestrians will ease the conflict. Re-embracing nature in a cold, crowded city. Harmony between nature and technology is the up-cycle we should choose

图 6.4 PINWHEEL (2)

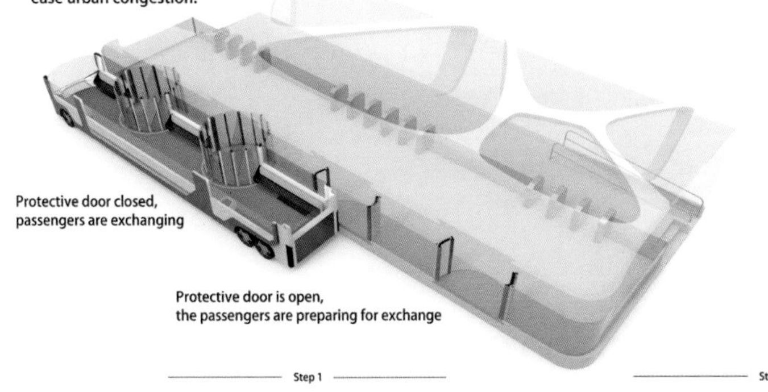

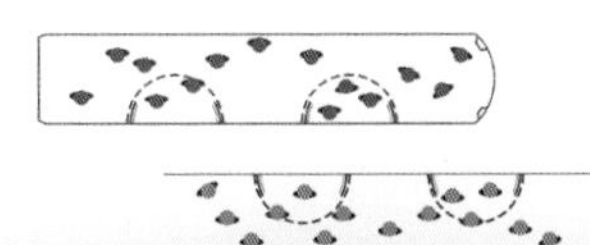

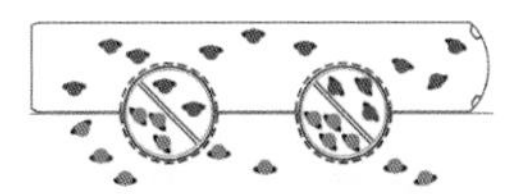

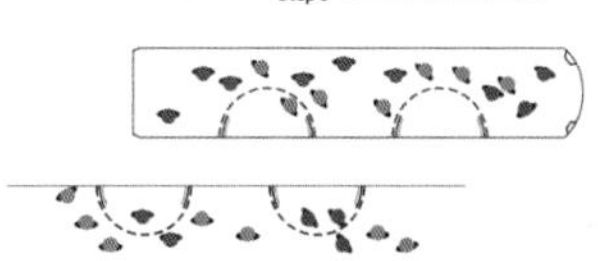

图 6.5　ORRO 新型公交换乘系统

6.3　ORRO 新型公交换乘系统

获得奖项：2017 意大利 A'DESIGN AWARD 全球铜奖

设计者：嵇泽旭　丁剑　曹伟智

目前，我国轨道交通线路繁多、体系庞大，是人们日常生活中主要的出行方式。在高峰时段，大量的客流易造成站内拥挤，致使站台人员流动缓慢。在同个车门上下车，易造成上下车拥堵，降低上下车效率。ORRO 新型公交换乘系统的优势在于通过转门的旋转，高效快捷地完成上下车，加快站内人员流动，提高上下车效率，缩短车次间隔（图 6.5）。

6.4 荣威 MARVEL GEOMETRY

获得奖项：2019 上汽设计国际挑战赛全球银奖
设计者：谭仁杰
企业导师：常达飞（上汽乘用车）
院校导师：丁剑

车身上游走的光影完美地诠释了主题“放电”，荣威 MARVEL GEOMETRY 是一个内外兼具的设计，在对曲面、形体的处理上有着全新的设计理念。“光影之间，设计放电”，这就是荣威 MARVEL GEOMETRY（图 6.6）。

MARVEL GEOMETRY

【扫描二维码观看作品动画】

0°

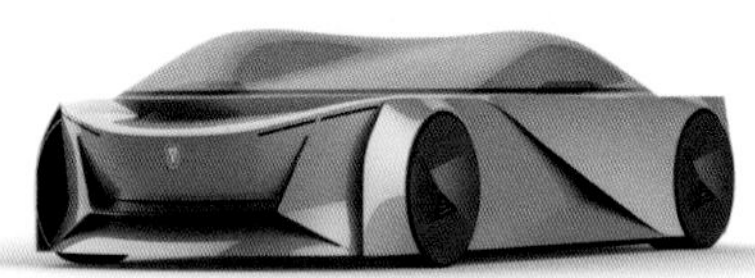

45°

90°

121.76°

180°

“光影之间，设计放电”

Between the light and shadow, "Born Electric"

图 6.6 荣威 MARVEL GEOMETRY

6.5 “长城”商用车

获得奖项：2010 中国汽车设计大赛乘用车金奖
设计者：关佳征
指导教师：杜海滨

当前，现代城市交通正在进入信息化时代，由客运体系、货运体系和交通管控体系组成了安全、高效的城市运载系统。“长城”的模块化传送集装箱可以更高效地为城市与城市之间建立联络的纽带（图 6.7）。

【扫描二维码观看作品动画】

cardesignawards
中国汽车设计大赛

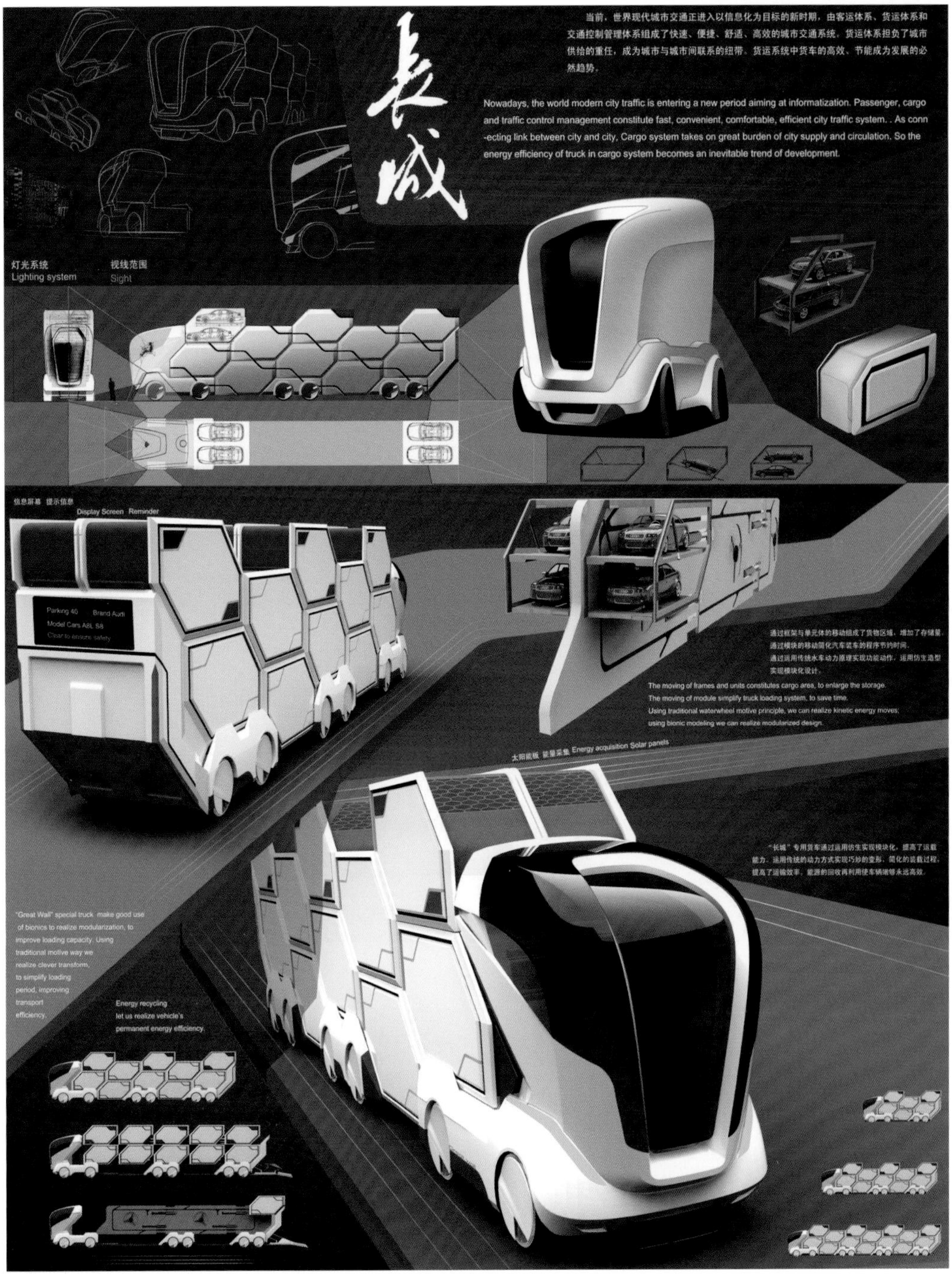

图 6.7　“长城”商用车

6.6 大众 DOUBLE U

获得奖项：2019CDN 中国汽车设计大赛大众组最佳生态解决方案奖冠军
设计者：冯一凡
指导教师：丁剑

伴随着海平面的上升，很多临海的大都市希望将水陆交通结合在一起。在这种生活背景下，人类既想要安全舒适的自动驾驶空间，又渴望富有激情的手动操控感，同时对陆地交通和水上交通有着交叉需求。大众 DOUBLE U 可变形为 4 种不同功能形态，以应对不同的用车环境(图 6.8)。

cardesignawards
中国汽车设计大赛

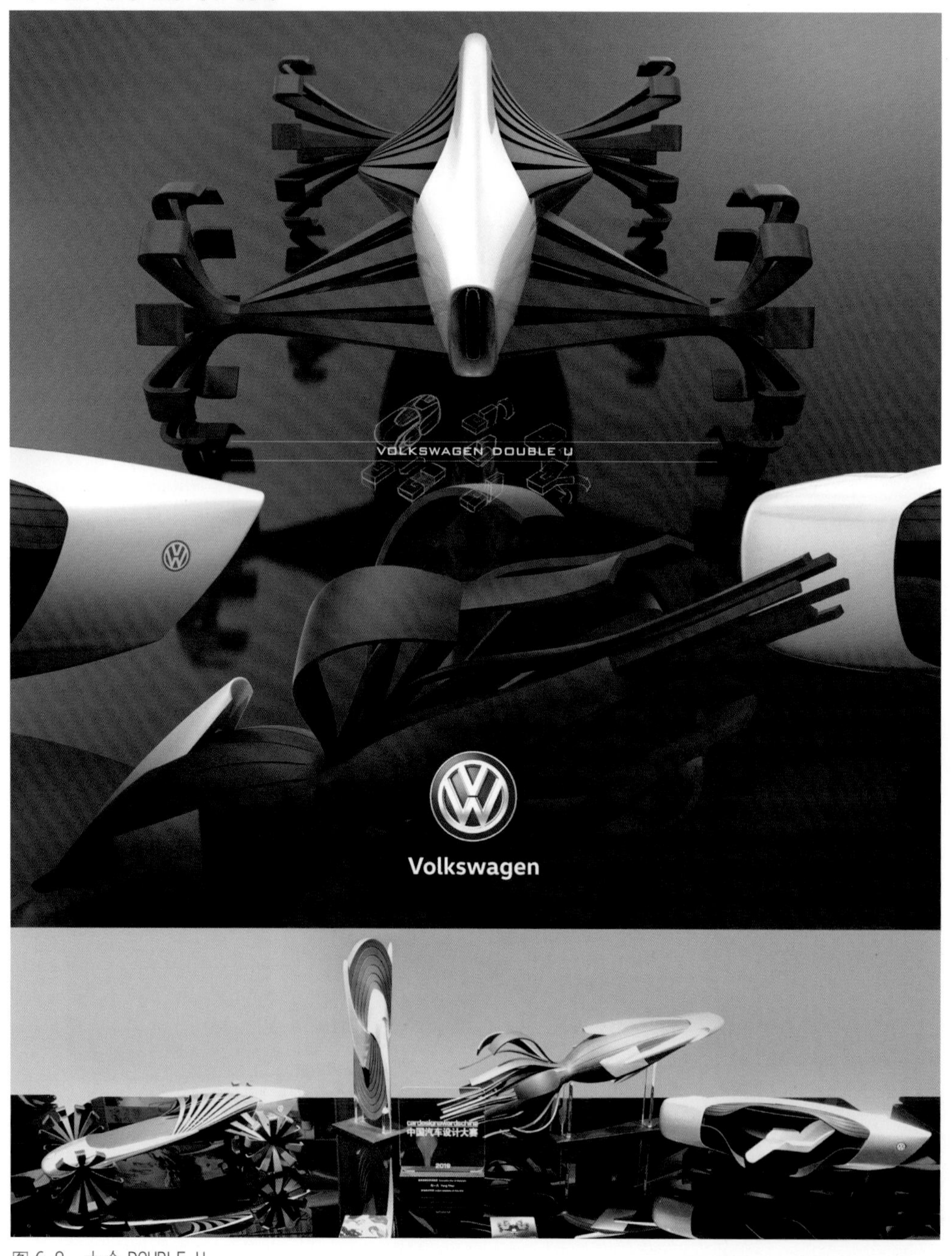

图 6.8　大众 DOUBLE U

6.7　奥迪 Assassin

获得奖项：2017CDN 中国汽车设计大赛大众组最佳外观设计奖
设计者：李佩洋
指导教师：丁剑

cardesignawards
中国汽车设计大赛

公元 2024 年，奥迪汽车在中国城市启动了第一个自动飞行出租车服务，这种自动化车辆穿越市区，把乘客送往专门的站楼里。这些自动飞行车辆可以事先预订，也能降落在乘客郊外的住所。乘客能够网上预订这些自动化飞行汽车，也可以购买用作私人使用。同时，驾驶员可以驾驶着自己的飞行汽车参加每年 4 月份的上海国际一级方程式锦标赛。这些飞行汽车将行驶在赛道上空 5m 的“虚拟隧道”中（图 6.9）。

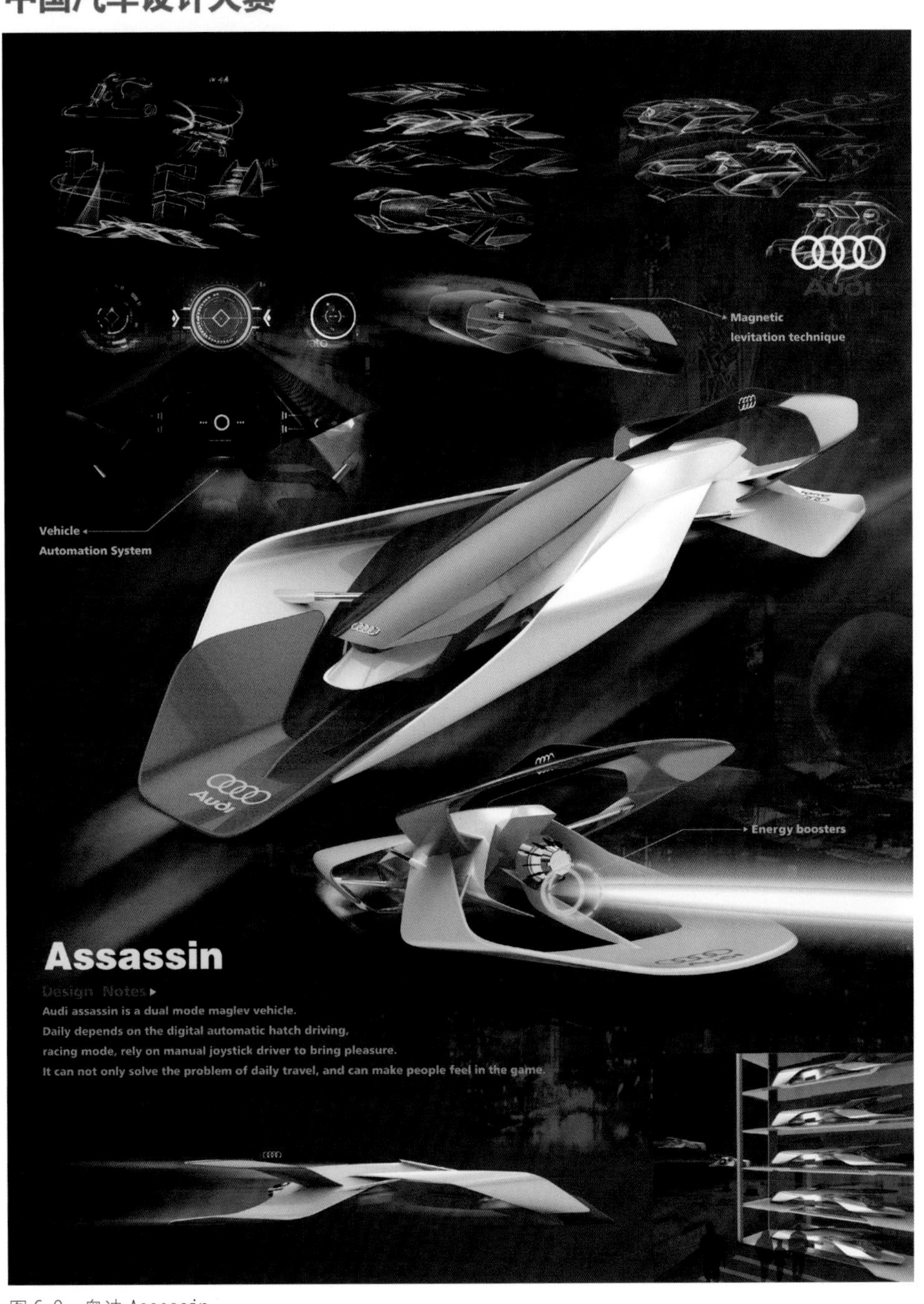

图 6.9　奥迪 Assassin

6.8 MG-MEDUSA

获得奖项：2020 上汽设计国际挑战赛全球银奖

设计者：高瀚森

企业导师：李硕

院校导师：丁剑

该作品以古希腊神话中的蛇发女妖“MEDUSA”（美杜莎）命名，传达出其具有蛇发女妖一般致命的吸引力(图 6.10)。

【扫描二维码观看作品动画】

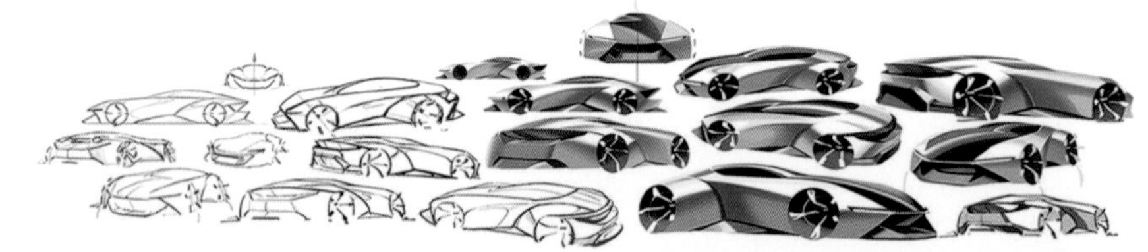

图 6.10 MG-MEDUSA

图 6.11 MG-GT 2025

6.9 MG-GT 2025

获得奖项：2016 上汽设计国际挑战赛全球银奖

设计者：江山

企业导师：孙文龙（上汽乘用车）

院校导师：杜海滨 丁剑

这是一款 MG 在 2025 年推出的感性超跑，它强调超强的体量感和速度感，将掀起一股赛道竞技狂潮（图 6.11）。

【扫描二维码观看作品动画】

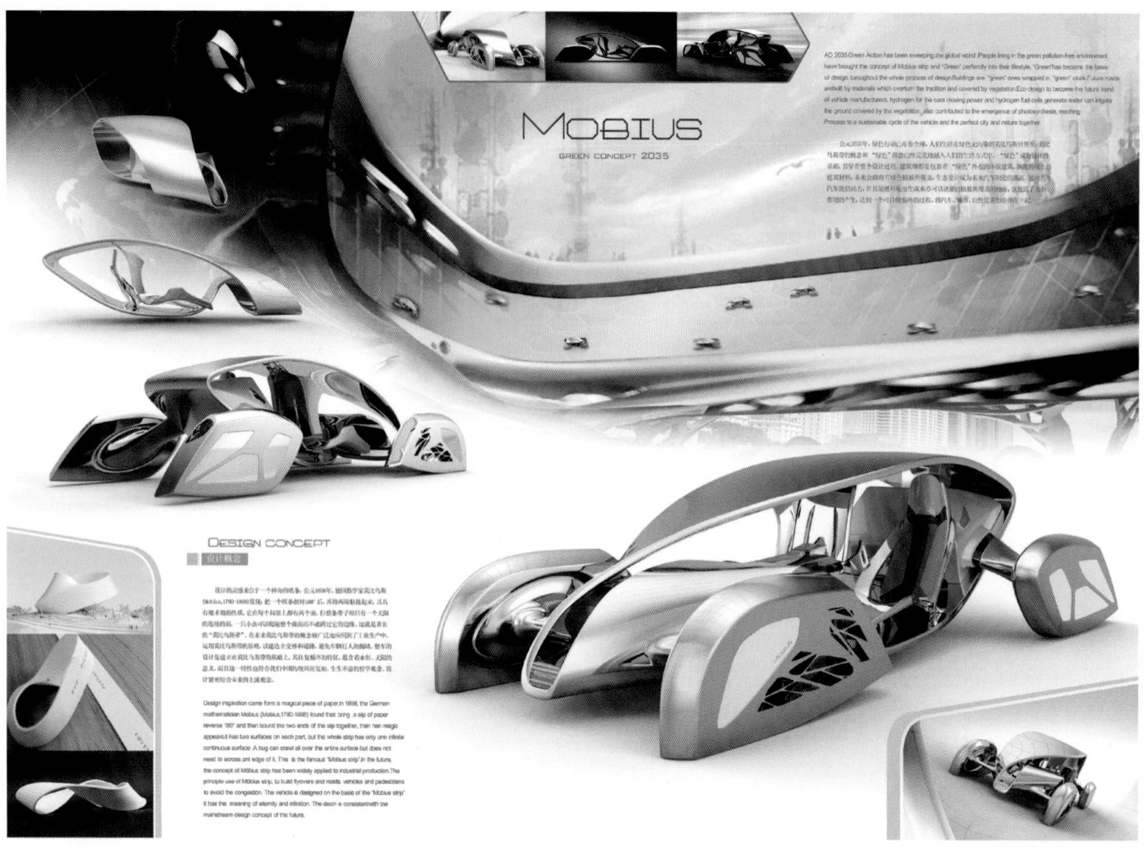

图6.12 MOBIUS GREEN CONCEPT 2035

6.10 MOBIUS

获得奖项：2010 第三届中国汽车设计大赛优秀奖
设计者：孙文龙
指导教师：田野

整车的设计是建立在莫比乌斯带的基础上，其往复循环的特征蕴含永恒无限的意义，而且这一特征也符合中国传统周而复始、生生不息的哲学观念（图6.12）。

6.11　红旗“云游四方”

获得奖项：2020 红旗汽车设计大赛银奖
设计者：孙佩烽
指导教师：丁剑

【扫描二维码观看作品动画】

中国山河锦绣、文化源远流长，美丽的风景令人心驰神往，那么或许在未来，红旗可以提供一种与其使命感相契合的云游中国山水的服务体验，它的名字就叫“云游四方”。该设计主题来自中国传统文化的基本精神之一“和合”，它强调元素之间相互促进，代表着与自然相结合的和谐共生关系(图 6.13)。

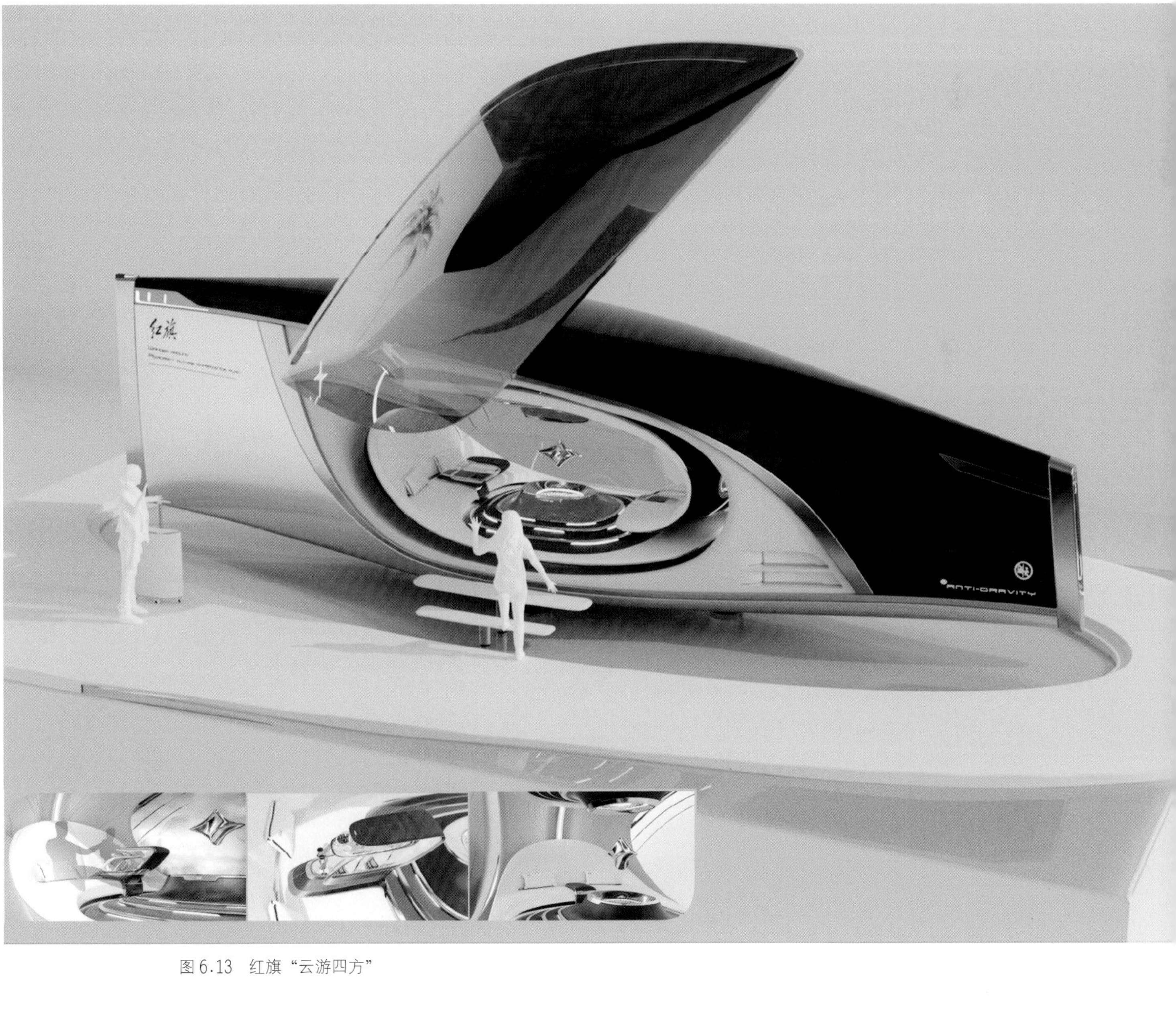

图 6.13　红旗“云游四方”

6.12 奔驰 SILVER ARROW

获得奖项：2016CDN 中国汽车设计大赛奔驰组最佳奢华概念奖冠军

设计者：王诗涵 郝鹤

指导教师：杜海滨 丁剑

多年以前，奔驰以一辆银色赛车开创了一个“银箭”时代，而这辆全新概念的银箭飞行赛车，以全新的概念造型设计和最前沿的科技应用，驰骋于未来的赛道上（图 6.14）。

Mercedes-Benz
SILVER ARROW
Technology

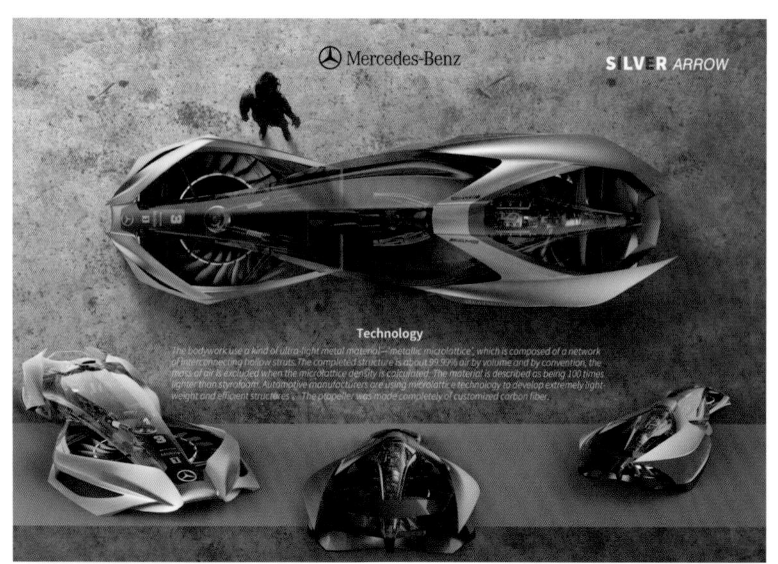

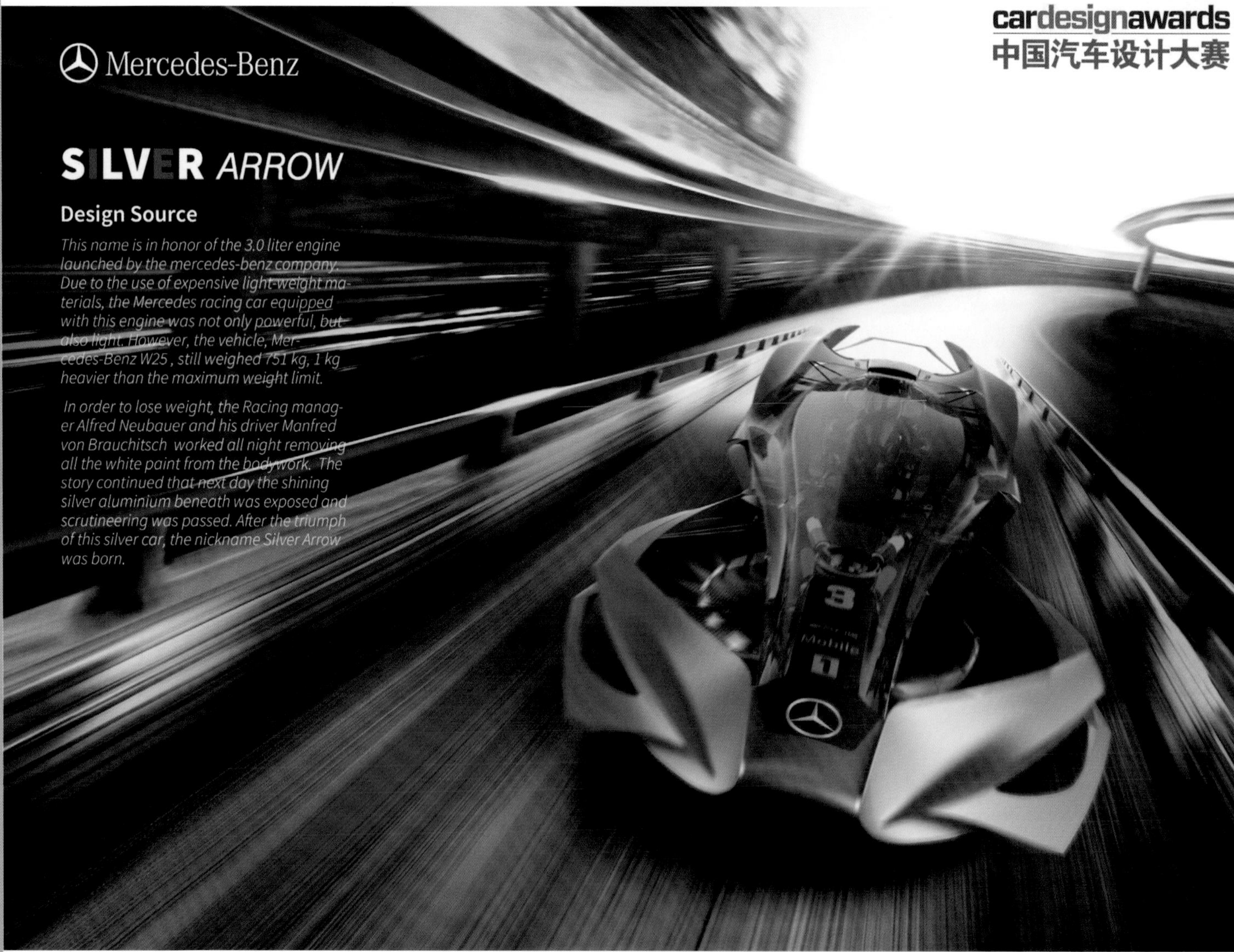
cardesignawards
中国汽车设计大赛
Mercedes-Benz
SILVER ARROW
Design Source
This name is in honor of the 3.0 liter engine launched by the mercedes-benz company. Due to the use of expensive light-weight materials, the Mercedes racing car equipped with this engine was not only powerful, but also light. However, the vehicle, Mercedes-Benz W25, still weighed 751 kg, 1 kg heavier than the maximum weight limit.
In order to lose weight, the Racing manager Alfred Neubauer and his driver Manfred von Brauchitsch worked all night removing all the white paint from the bodywork. The story continued that next day the shining silver aluminium beneath was exposed and scrutineering was passed. After the triumph of this silver car, the nickname Silver Arrow was born.

图 6.14 奔驰 SILVER ARROW

6.13　红旗“游憩”

获得奖项：2019 红旗汽车设计大赛银奖

设计者：杨仁杰

指导教师：杜海滨　丁剑

“游憩”是一款以西安为研究背景，通过对古都西安的元素研究，设计而成的符合国人审美的红旗概念轿车（图 6.15）。

图 6.15　红旗“游憩”

6.14 “微风”概念车

获得奖项：2010 中国汽车设计大赛乘用车金奖
设计者：李启源
指导教师：杜海滨

该设计灵感来自风筝，三角形和弧线车身力求表现动感和轻盈的视觉感受，同时也是对城市交通低碳环保的诠释(图 6.16)。

【扫描二维码观看作品动画】

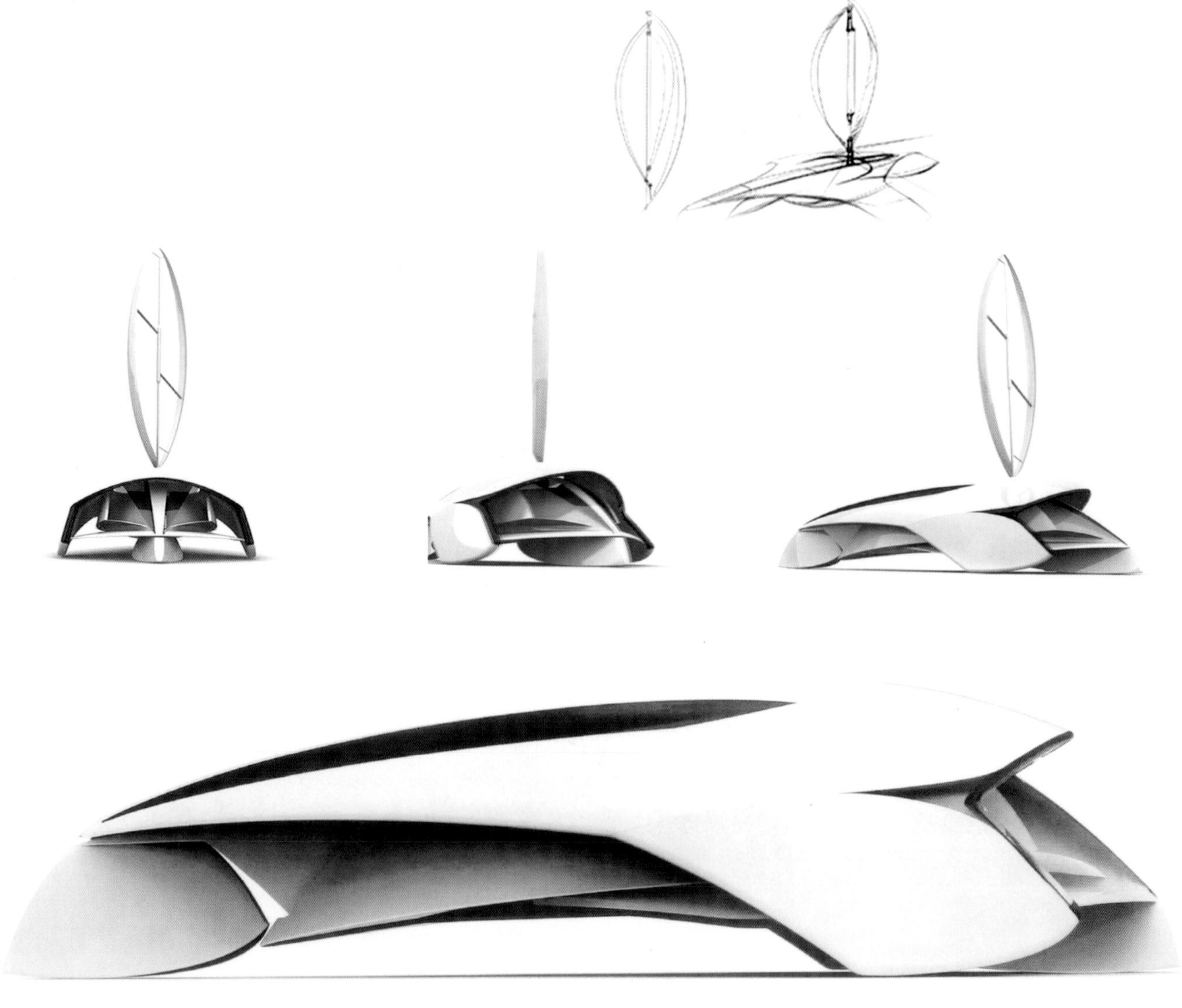

图 6.16 “微风”概念车

6.15 起亚 DYNAMIC-X

获得奖项：首届起亚汽车设计大赛二等奖
设计者：李奉泽
指导教师：杜海滨 丁剑

该设计灵感来源于老虎的面部表情的提炼，遵循年轻与时尚的风格，威严、精练而不失动感，体现了起亚（KIA）“简约直线美学”的设计理念(图6.17)。

图6.17 起亚 DYNAMIC-X

6.16 北汽 2030VISION BJ-02

获得奖项：2021 北汽设计大赛 30 强
设计者：刘起源
指导教师：丁剑

本作品以 BJ212 为延伸，提炼 BJ212 设计元素，并结合时代背景进行创作。BJ-02 是对经典的传承，是对越野态度的赞叹。如今生活压力越来越大，人们更加渴望工作和家庭之外的“第三空间”。随着 5G 时代来临，生活节奏加快，周末的阳光、假日的出行变得尤为重要。无论是越野爱好者，还是热爱生活的人们，对于他们来说，BJ-02 都是可靠的伙伴、陪伴的港湾（图 6.18）。

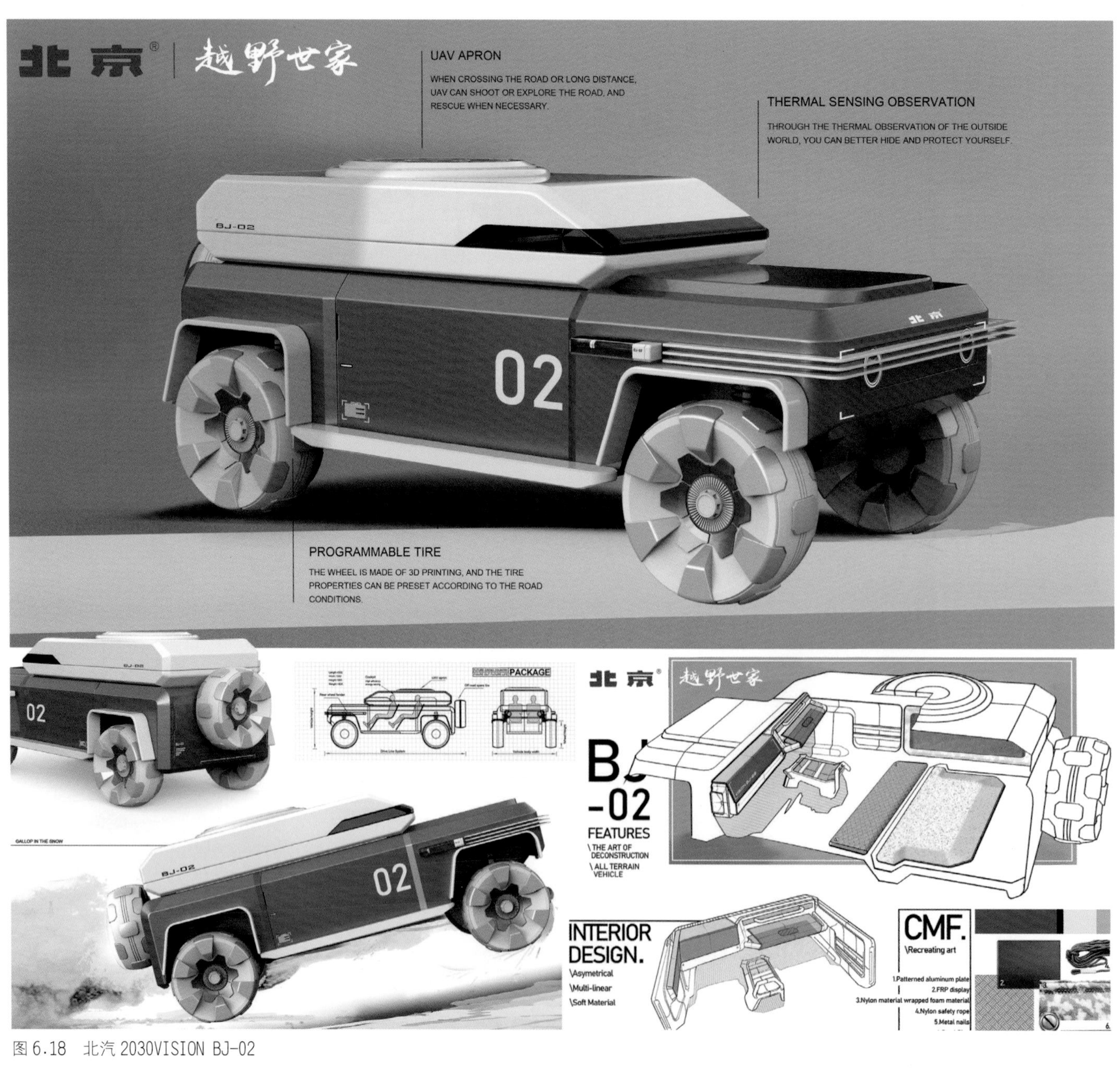

图 6.18 北汽 2030VISION BJ-02

6.17　S.U.R.E 城市短程出行租赁系统

获得奖项：2010 第 13 届全国设计大师奖金奖
设计者：丁剑
指导教师：杜海滨

S.U.R.E 是一套城市短程汽车租赁系统，设计初衷是节能、环保、便捷，同时探索新型城市交通工具租赁产业（图 6.19）。

本章思考题

（1）思考一下本章的获奖作品有哪些特征。

（2）挑选一个获奖作品，谈谈你对它的评价及建议。

【扫描二维码观看作品动画】

图 6.19　S.U.R.E 城市短程出行租赁系统

结　语

从汽车的诞生至今已有百余年的历史，如今，汽车以其惊人的数量、卓越的性能和广泛的用途渗透到人类活动的各个领域。可以说，汽车已当之无愧地成为世界第一大商品，它不仅是简单的机器和运输工具，而且是人类智慧和创造力的象征、技术与艺术的完美结合，更是现代文明的重要标志。

我们知道，对汽车厂商而言，设计决定着产品的命运和竞争力；对用户而言，设计则体现了自身的追求和体验。这促使人们去培养高质量的汽车设计人才以挑战未来。时至今日，我国已成为全球最大的汽车制造国，而且无论是汽车设计、制造水平还是汽车消费，都在不断地进步。

我们应当正视，我国的汽车工业由于受到多种因素的影响，整体水平不高，与世界汽车发展前沿相比还存在一定的差距，尤其是缺乏独立知识产权的自主开发能力和强有力的自主品牌。尽管近些年我国的汽车自主品牌推出了一些畅销商品，但缺少成熟的技术支持、历史文脉与文化沉淀，使得一些优秀的设计蓝图难以真正实现。

事实证明，企业规模和生产速度是可以通过技术引进来复制的，但历史文脉与文化沉淀却无法引进。在世界经济一体化的今天，我国需要发展自己的核心技术，走自主的品牌创新之路，需要培养和造就我们自己的汽车工程师和设计师，只有这样才能够在国际竞争中确立我们应有的地位。

多年的教学经验让我感受到年轻学子对汽车设计的激情渴望和浓烈兴趣，他们希望更多地了解汽车、认识汽车、思考汽车，并将汽车设计作为他们首选的热门专业之一。正因为如此，我们在总结多年的汽车创意设计课程教学实践经验的同时，结合国内设计院校对汽车设计人才的培养需求，编写了这本教材。我们期望通过教材深入的学习，让学子们系统地学习和掌握汽车设计的工程知识、市场知识、艺术审美、环境科学，特别是其中涉及的机动性、安全性、舒适性、法规等方面的专业知识；让学子们正确地认识到汽车设计虽属于人为形态的审美范畴，但同样存在客观及主观上的审美差异，在追求个性表达的同时，更要注重客观合理性与美学的关联，处理好技术与艺术的关系，实现功能与形式的完美融合。

杜海滨

2021 年 8 月

参考文献

Fagone E.L.，2015．汽车设计：交通工具设计理念、方法、流程及演化 [M]．温为才，陈华，译．北京：清华大学出版社．

Stuart Macey，Geoff Wardle，2009. H-Point: The Fundamentals of Car Design & Packaging[M].Southern California: Design Studio Press.

邦萨克·林，2017．汽车设计师成长记录 [M]．王宁，等译．北京：机械工业出版社．

大野進一，等，2016．汽车设计基础 [M]．王利荣，等译．北京：机械工业出版社．

邓海山，潘子林，2013．驰往未来：交通工具设计工作室教学实录 [M]．上海：上海人民美术出版社．

杜海滨，2010．工业设计教程（第 3 卷）：创作设计篇 [M]．沈阳：辽宁美术出版社．

黄国林，2015．汽车油泥模型设计与制作 [M]．北京：人民交通出版社．

拉里·埃泽尔，2014．汽车设计大师 [M]．李卓森，李宇彤，邢世凯，译．北京：机械工业出版社．

美国土地协会，美国购物中心国际理事会，玛丽·史密斯，2017．共享式停车场设计与管理 [M]．王莹，译．沈阳：辽宁科学技术出版社．

Car Styling，2013．汽车设计百年：意大利量产车制造商 [M]．刘婕，译．北京：清华大学出版社．

Car Styling，2013．汽车设计百年：追求最优性能的德国汽车设计 [M]．蒋红斌，译．北京：清华大学出版社．

日本日经设计，广川淳哉，2019．马自达设计之魂：设计与品牌价值 [M]．李峥，译．北京：机械工业出版社．

王波，2019．汽车造型创意设计 [M]．北京：清华大学出版社．

王选政，吴梓荣，2013．汽车设计教学现场 [M]．北京：中国建筑工业出版社．

赵京实，2013．设计之美：从世界名车看汽车设计 [M]．赵海霞，译．北京：机械工业出版社．